KB216807

명랑 주교 유흥식

**명랑 주교**
**유흥식**

-

초판 1쇄 발행 2025년 5월 12일

-

지은이 김민희·한동일

발행인 정장열

발행 (주)조선뉴스프레스

등록 제301-2001-037호

등록일 2001년 1월 9일

주소 서울시 마포구 상암산로 34 디지털큐브빌딩 13층

편집 문의 02-724-6830

구입 문의 02-724-6796, 6797

값 14,000원

ISBN 979-11-5578-512-6

-

※

이 책의 전부 또는 일부 내용을 재사용하려면

반드시 사전에 저작권자와 (주)조선뉴스프레스의 동의를 받아야 합니다.

저자와 협의하여 인지를 생략합니다.

# 명랑 주교

김민희·한동일 지음

# 유흥식

Ama e capirai

사랑하십시오.

그러면 이해하십니다!

유흥식 라자로 추기경

Lazzaro Card. You Heungsik

# 책을 내며

2013년 《가톨릭 다이제스트》는 세상을 변화시키는 100인에 유흥식 추기경(당시 주교)을 선정했습니다. 선정 이유에 대해서는 이렇게 적었습니다.

"모두의 친구인 유흥식 주교는 미소로 사람들의 마음을 사로잡는다."

8년 후인 2021년 그는 로마 교황청 성직자부 장관에 임명됐습니다. 한국인이 교황청 차관보급 이상의 직위에 임명된 것은 처음이었습니다. 그리고 많은 이들의 예상대로 이듬해 프란치스코 교황으로부터 추기경 서임을 받았습니다. 이로써 그는 김수환·정진석·염수정 추기경에 이어 대한민국 네 번째 추기경이 되었습니다.

하지만 이런 상징성 있는 무게감에 비해 유흥식 추기경은 한국에 덜 알려져 있습니다. 주요 거처가 한국이 아닌 로마 바티칸 교황청인 이유가 크지만, 언론에 얼굴을 잘 드러내지 않는 성향도 한 몫 하는 것 같습니다. 감사하게도 가톨릭 전문서적 출판사 바오로딸에서 출간한 《라자로 유흥식》을 통해 베

일에 가려져 있다시피 한 그의 면면을 꽤 알 수 있었습니다.

교황청에서 '친교의 사람'으로 불리고, 격식을 따지지 않는 편이며, 누구와도 편하게 대화할 수 있는 미소천사. 그는 온 얼굴로 웃는 사람입니다. 눈동자가 보이지 않을 정도로 눈으로 웃고, 입술 끝이 귀에 닿도록 입으로도 웃습니다. 그리고 무엇보다 '사랑'의 힘을 무한히 믿는 휴머니스트입니다. 책을 집필한 교황청 국무원 소속 코센티노 신부는 그에 대해 "(만나는 누구에게나) 다정한 환대가 인상적"이라고 말합니다.

이탈리아어로 먼저 집필한 후 한국어로 번역한 《라자로 유흥식》을 읽어 내려갈수록 행간에 질문이 점점 불어났습니다. 가톨릭 집안에서 태어나지 않았는데도 어떻게 그토록 독실한 종교인이 될 수 있었을까요. 이 대립과 반목의 시대에 종교는 무엇을 할 수 있을까요. 모든 것을 다 잃고도 끝끝내 우리가 지켜야 하는 마지막 가치는 무엇일까요. 그가 내내 강조하는 사랑과 친교란 과연 어떤 얼굴을 하고 있을까요.

이 책은 2023년 7월 말(《톱클래스(topclass)》 9월호 수록)에 진행한 유흥식 추기경 인터뷰를 기반으로 구성했습니다. 추기경은 당시 6·25 전쟁 정전 70주년 기념 프란치스코 교황의 메시지를 들고 방한한 길이었습니다. 인터뷰 섭외와 진행에는 한동일 성균관대학교 법학전문대학원 교수(바티칸대법원 로타 로마나 변호사)가 큰 도움을 주셨습니다. 이 책의 출간에도 산파 역할을 기꺼이 해주셨습니다. 깊이 감사드립니다.

유흥식 추기경 본격 인터뷰로는 한국 언론 최초라 잔뜩 긴장했던 기억이 납니다. 사전 질문지와 답변지를 장문의 서면으로 주고 받은 후, 대면 인터뷰를 2시간 넘게 진행했습니다. 끝나고 식사까지 이어졌으니 꽤 긴 시간 추기경과 대화를 나눴는데요. 만난 지 불과 5분 만에 긴장으로 굳어있던 마음이 스르륵 무장해제되면서 편안하게 인터뷰를 진행할 수 있었습니다. 추기경은 그런 분입니다. 만나는 사람 누구든 '당신은 매우 소중합니다' '충분히 사랑받을 가치가 있는 존재입니다' '당신이 하는 말은 매우 귀합니다'를 매순간 느끼게 하는 분.

추기경이 강조한 것은 '한 사람을 사랑하는 일'입니다. "우리는 사랑을 너무 거창하게 생각합니다. 모든 사람을 사랑하게 해 달라고 하지요. 한 사람을 구체적으로 사랑해야 다른 사람을 사랑할 수 있고, 더 나아가 인류를 사랑할 수 있습니다. 지금 내 앞에 있는 사람을 사랑하세요"라는 말씀이 깊은 울림으로 남습니다.

프란치스코 교황을 깊이 존경한 유흥식 추기경은 프란치스코 교황의 삶과 가르침을 새기고 체화하려 노력했습니다. 가난한 자와 약자의 편에 섰고, 만나는 누구든 웃으며 온몸으로 환대했으며, 정의와 평화를 위해서라면 현실 정치와 사회 이슈에도 목소리를 냈습니다. 12·3 계엄 후 "정의에는 중립이 없다"는 신념을 바탕으로 시국선언문을 발표한 것은 이런 일환으로 압니다. 현실정치를 바라보는 시각을 묻는 질문에는 "불일치 중에 최선을 택하기보다, 일치 중에 차선을 택하는 것이 좋다"는 답을 주셨습니다. 갈등과 분열을 넘어 통합과 화해를 강조한 메시지였지요.

이 시대에 종교는 조각난 아픔들을 이어붙이고 위무해줄 수 있을까요. 문명은 폭력이 줄어드는 방향으로 나아가고 있다는데, 그럼에도 평화는 왜 이렇게 요원할까요. 함께 모이는 광장이 사라진 시대, 다양성과 포용성의 가치를 회복하려면 내가, 우리가 무엇을 할 수 있을까요. 각자의 별로 빛날 수 있는 세상에 조금이라도 더 가까이 다가가려면 어떤 마음을 품어야 할까요.

기도하는 마음으로 유흥식 추기경의 거룩하고 아름다운 사랑의 언어를 한 권의 책으로 엮어냅니다. 유 추기경의 온화한 미소와 명랑한 에너지가 80억 인류의 마음에 가 닿길 간절히 바랍니다.

김민희《톱클래스》편집장

# 내가 바라본 인간 유홍식

2025년 2월 tvN <알쓸별잡_지중해>편에 출연하기 위해 바티칸을 갔습니다. 유흥식 추기경을 만나는 일정도 포함되어 있어 바티칸 내 교황의 정원을 거닐며 담소하였습니다. 현재 교황청 성직자부 장관을 지내고 있는 근황을 듣고 서로의 생각을 나누는 시간을 이어갔는데, 예상치 못하게 우리의 대화는 자주 맥이 끊겼습니다. 추기경이 정원을 거닐다가 만나는 한 사람 한 사람마다 지나치지 않고 인사를 주고받으셨기 때문입니다.

추기경은 정원을 가꾸는 정원사, 바티칸 시국의 경비를 맡고 있는 경찰과 직원들에 이르기까지 바티칸의 평범한 시민이라 할 수 있는 사람들과 인사하고 짧은 대화를 나누었습니다. 처음엔 촬영이 동반된 만남이라 원활하게 진행되지 않는 것에 조급한 마음이 들었지만 곧 깨달았습니다. '이것이 인간 유흥식 라자로의 모습이구나'하는 생각이었지요. 격식 없고 꾸밈없이 어떤 사람들에게든 먼저 다가가 그들에게 밝은 모습으로 인사하고 그들의 눈높이에서 경청하는 것이 몸에 밴 사람의 태도였습니다.

이런 모습에서 선종하신 프란치스코 교황의 모습을 봅니다. 추기경 유흥식 라자로는 누구보다 프란치스코 교황을 본받고 싶어합니다. 서명을 할 때도 프란치스코 교황과 닮아있다는 느낌이 들게 유심히 봐야만 볼 수 있도록 작게 씁니다. 간단한 서명 하나에서부터 크게는 프란치스코 교황의 굵직한 발자취를 따라가며 본받고 싶어합니다. 이 점이 '추기경 유흥식'이 로마로 가기 전과 간 이후에 확연히 달라진 모습입니다.

프란치스코 교황이 가졌던 소외된 자들과 가난한 이들에 대한 각별한 관심을 추기경 유흥식 라자로도 같은 마음과 관심으로 가지고 있었습니다. 이 책이 만들어진 계기도 바로 여기에서 시작합니다. 그는 이 책의 수익금 전액이 가난하고 소외된 이들에게 쓰이길 바랐는데, 그 가운데 특별히 보육원 출신 자립 청년들을 위해 기부하기로 하였습니다.

인간 유흥식.

늘 해맑게 웃는 천진난만한 모습으로 아이와 같은 얼굴이지만, 시대와 사회의 고통과 어려움에는 단호한 태도를 취합니다. 프란치스코 교황이 '고통에는 중립이 없다'고 한 말씀을 받드는 것은 물론, '정의에는 중립이 없다'라는 확고한 언어로 우리 사회에 잔잔한 반향을 일으켰습니다. 타자를 바꾸는 것보다 나를 바꾸는 것이 조금 더 가능성 있는 변화를 가져올 수 있다고 믿는 그는 '누가 어떻게 하면 좋겠다'는 바람만 가질 것이 아니라, 한 사람 한 사람이 '내가 이런 태도로 살겠다'는 다짐과 각성이 필요하다고 말합니다.

우리의 운명이 또 다른 길로 나아가는 시점에서 추기경은, 국가지도자가 되고자 하는 정치인의 마음가짐이 자신의 그릇을 바라보기보다 국민의 그릇을 바라보는 것에서 출발하길 권합니다.

진정 국민의 삶과 애환을 잘 담아낼 그릇만을 바라볼 수 있는 지도자와 그럴 만한 지도자를 선출하는 국민. 이것은 소박하지만 그 안에 예리한 사회 정의의 이상을 품고 있는 유흥식 라자로가 멀리 바티칸에서 고국에 대해 염원을 담아 기도

하는 내용입니다. 이것은 비단 한 국가에 국한된 기도가 아니며 정치의 무능과 국가 이기주의로 극심한 사회적 혼란과 고통 속에 놓인 보편 인류를 위한 기도이기도 합니다.

한동일 성균관대학교 법학전문대학원 교수

# 차례

© 서경리

# 1. 사랑의 얼굴

서울 종로구 명동성당, 정전 기념일인 7월 27일 오전. 장마 직전의 한여름 햇볕은 따가웠다. 오전인데도 섭씨 30도가 넘었지만 유흥식 추기경님의 미소는 한결 같았다. 온몸으로 웃음을 짓는 분. 그는 눈으로 웃고, 입으로도 웃고, 웃을 때 필요하다는 열일곱 개의 얼굴 근육을 동원해 아낌없이 웃었다. 카메라 렌즈 앞에 선 그를 보면서 나도, 카메라 기자도, 지나가던 수녀님도 따라 웃게 되었다. 추기경님의 이마에는 땀이 송골송골 맺혀있었다.

"많이 더우시죠?"

"이 더위도 반갑습니다. 이 땅 어딘가엔 한여름 더위를 간절히 기다린 존재도 있을 테니까요."

사진 촬영이 끝나고 유흥식 추기경님과 마주 앉았다. 사제복 사이로 보이는 팔목이 매우 굵었고, 오른손 약지에 큼지막한 금반지를 끼고 있었다. 사도 베드로와 바오로가 새겨진 추기경 반지라고 했다. 유 추기경님은 수녀님이 크리스털 잔에 든 커피를 탁자에 내려놓을 때마다 "고맙습니다"를 연발했다. 몸에 밴 습관으로 보였다. 커피잔이 각자의 자리에 다 놓이자, 그는 자신의 커피잔을 들고 특유의 미소를 활짝 지으며 말했다.

"우리 먼저 건배합시다. 카메라 기자님도 이쪽으로 오셔서 같이 건배하시지요."

다 같이 웃으며 잔을 부딪쳤다.

"쨍!"

커피 건배와 함께 인터뷰가 시작되었다.

"잘하겠다는 것도 욕심이고,
틀리지 않아야겠다는 것도 욕심이지요.
욕심은 늘 우리를 자유롭게 만들지 않아요.
욕심을 버린다는 건 아름다운 거예요.
있는 그대로의 모습이 드러나면서
자유로워지거든요."

커피 건배는 처음 해봅니다.

“경우에 따라서 하는 겁니다. 서양에서는 포도주를 마시면서 건배를 하잖아요. 건배할 때는 잔을 부딪치면서 상대방 눈을 바라봐야 합니다. 눈과 눈이 마주치는 일은 굉장히 아름다운 일이에요. 프란치스코 교황님은 누구를 만나든 눈을 마주치면서 농담으로 대화를 시작합니다. 유머가 대단한 분이죠.”

추기경님도 그러신 것 같습니다. 사실 오늘 긴장을 많이 했어요. 추기경님의 언론 본격 인터뷰는 처음이라고 하셔서 부담감도 컸고요. 그런데 몇 마디 나누면서 긴장이 풀어지고 마음이 편안해지는 걸 느낍니다.

“잘하겠다는 것도 욕심이고, 틀리지 않아야겠다는 것도 욕심이지요. 욕심은 늘 우리를 자유롭게 만들지 않아요. 욕심을 버린다는 건 아름다운 거예요. 있는 그대로의 모습이 드러나면서 자유로워지거든요.”

욕심을 버리려는 것도 욕심 아닌가요?

"물론 그것도 욕심입니다. 그것까지도 버릴 줄 알아야 진정 편안하고 자유로워집니다. 그래야 비로소 마음이 활짝 열리게 된답니다. 저는 매일 아침 기도합니다. 오늘은 이 만남에 대해 기도했어요. '참 좋았다는 여운이 남는 대화였으면 좋겠습니다. 오늘도 사랑을 베풀 수 있도록 도와주십시오'라고요. 어디를 가든 기도합니다. '계속 사랑할 수 있게 도와주십시오' 하고 말입니다."

그 사랑은 어떤 사랑인지요.

"지금 내 앞에 있는 사람에게 마음을 여는 것이 가장 중요합니다. 종종 우리는 사랑을 너무 거창하게 생각합니다. 모든 이를 사랑하게 해달라고 하지요. 한 사람을 구체적으로 사랑해야 다른 사람을 사랑할 수 있고, 더 나아가 인류를 사랑할 수 있어요. 내 앞에 있는 사람을 사랑하지 못하면서 다른 사람을 사랑한다는 건 맞지 않아요. 누군가를 만나서 제가 할 수 있는 일은 오로지 이 사람에게 집중하는 거예요."

처음 만난 사람을 사랑하는 건 쉬운 일이 아닙니다만.

"일단 그 사람을 만나기 전에 그를 사랑할 마음의 준비를 합니다. 기도를 통해. 그리고 만나게 되면 먼저 상대방의 말을 듣습니다. 그의 말을 따라가면서 듣다 보면 제가 해야 할 말이 자연스럽게 흘러나와요. 때때로 저 스스로 예상하지 못했던 말을 할 때도 있습니다. 그만큼 대화를 통해 관계가 깊어졌다는 것이겠지요. 우리 성직자부 부원들에게도 종종 말합니다. '우리 부에 들어온 사람은 누구든 사랑받고, 인정받았다고 느끼게 하십시오'라고 말입니다. 맘에 드는 사람이든, 문제를 안고 있는 사람이든 누구든 예외 없어요. 사랑을 베푸는 일을 가장 우선시해야 합니다. 그렇지 않다면 자신이 있어야 하는 자리에서 벗어난 것이에요."

사랑받고 인정받는 것이 왜 그토록 중요합니까.

"누구든 사랑받고 존중받을 때 본모습이 드러납니다. 사랑받지 못하면 본모습이 보이지 않아요. 본모습이 드러난다는 건 타인과 진정성 있는 관계를 맺었다는 증거이지요. 지금 이 시대는 불신의 모습이 많이 보입니다. 정치·경제·사회 모

"누구든 사랑받고 존중받을 때 본모습이 드러납니다.
사랑받지 못하면 본모습이 보이지 않아요.
본모습이 드러난다는 건
타인과 진정성 있는 관계를 맺었다는 증거이지요."

든 분야에서 그렇습니다. 상대방에 대한 진정한 존중이 없기 때문이에요. 우리에게 필요한 태도는 신뢰입니다. 내가 상대방을, 상대방이 나를 마음속 깊이 믿어주면 마음이 차츰 무장해제가 되고, 그제야 진정한 대화와 만남이 가능해요."

조금 전에 추기경님께서는 수녀님께 "예쁜 잔에 커피를 주세요" 청하셨지요. '예쁜 잔'에 커피를 대접받으니 제가 더 귀한 사람이 된 것 같습니다.

"아주 사소한 부분에서라도 마음을 전하고 싶은 겁니다. 일회용 잔에 담아주는 커피와 예쁜 유리잔에 담아주는 커피는 환대의 온도가 다르다고 생각합니다. 유리잔에 담아내면 설거지 거리가 생기니 수녀님들이나 비서님들의 일이 많아지겠지요. 그래서 제 비서와 합의를 봤습니다. '평소에는 제가 커피를 타서 마시겠습니다(일손을 덜어드리겠습니다). 대신 손님들이 오시면 예쁜 커피잔에 내어 주세요. 설거지는 제가 하겠습니다'라고요. 한 번은 커튼수리공이 수리를 해주셔서 예쁜 커피잔에 커피를 대접해드렸어요. 수리공님은 크게 감동하시면서 40년간 교황청에서 일하는 동안 이런 대접을 두 번째 받는다고 하더군요. 사랑을 실천하는 방법은 어려운 것이 아닙니다. 작은 환대와 친절로도 사랑을 베풀 수 있어요."

추기경님의 환한 미소를 보면서 여기 계시는 분들도 따라 웃고 있는 걸 느낍니다.

"사랑은 엄청난 전염력이 있습니다. 널리 퍼지는 특성이 있지요. 사랑을 받아본 사람이 줄 줄도 알고요. 복음에서도 그렇습니다. 예수님은 단순히 사랑하라고 하지 않으셨어요. '서로 사랑하라'고 하셨지요. 사랑은 사랑을 부릅니다. 우리 마음은 언제 가장 부드러워지나요. 상대방으로부터 진정한 사랑을 받고 인정을 받을 때입니다. 그럴 때 인간은 무방비로 변해요. 상대가 자신의 존재를 있는 그대로 받아들여주면 상대가 좋아하는 걸 하려고 노력하게 됩니다. 지시와 명령을 하지 않더라도 서로가 서로를 위해 자발적으로 화합하고 협조하는 관계가 되는 것이지요. 올바른 관계가 저절로 성립되는 거예요. 사랑에는 이렇게 기적적인 힘이 있습니다."

지금 우리 사회가 아픕니다. 갈등과 대립, 반복이 첨예하고 서로를 향해 분노의 불길을 내뿜지요. 이렇게 된 건 진정한 사랑이 줄어서일까요.

"확실히 그렇게 느낍니다. 대가족 사회에서는 서로가 서로를 위해주고 아껴주면서 참아주고 배려해주는 상황이 많았어요. 핵가족 사회에서는 나를 있는 그대로 사랑해줄 수 있는 존재의 고리가 많이 약해졌습니다. 게다가 금융자본주의 사회에서 돈과 권력에 대한 욕심은 점점 자라나고 있어요. 이 문제는 거의 모든 곳에 산재합니다. 교회도 예외가 아니에요. 무언가를 추진할 때 그 안에 돈과 권력의 욕망이 깔려있는지를 봅니다. 만약 그렇다면 문제가 독버섯처럼 점점 커져요. 리더로서 빠른 판단이 필요한 순간입니다."

한 언론인이 추기경님 리더십을 '직진형 리더십'이라고 평가한 기사를 보았습니다. 김수환 추기경님은 '정치가형', 정진석 추기경님은 '학자형', 염수정 추기경님은 '행정가형' 리더십이라는 분석과 함께요. '직진형 리더십'이라는 표현에 동의하시나요? 저는 추기경님의 면면을 들여다보면서 다채로

"사랑은 사랑을 부릅니다."

운 색을 품은 '무지개 리더'같다고 생각했습니다. 아주 강하면서 부드럽고, 아주 단단하면서 유연한 면도 함께 가지고 계시더군요.

"그 분(종교 담당 기자)의 논리는 구체적인 제 실천을 바탕으로 분석한 것이니 타당한 면이 있겠지요? 감사하게 생각합니다. 제 스스로 리더십 같은 건 생각해본 적이 없습니다. 다만 추기경이 되고 보니 갈수록 '아, 이 자리가 보통 자리가 아니구나'라는 걸 절감합니다. 큰 기쁨도 주지만, 그만큼 큰 고통도 따릅니다. 그러나 매일 저에게 주어진 숙제가 있고, 그 소명을 그저 꾸준히 실천해나갈 뿐입니다. 모든 게 진행형입니다. 매일매일이 새롭고 재미있어요."

© 유흥식 추기경실

## 2. 은총이 규율보다 크다

추기경님 스스로는 어떤 호칭을 선호하나요.

"'라자로 신부'로 불러주세요. 추기경을 이탈리아어로 '에미넨자(Eminènza)'라고 하는데, 우리말로 '전하'라는 뜻이지요. 고위 성직자에 대한 호칭이지만, 저는 개인적으로 '신부(Father)'로 불리는 걸 좋아합니다. 직위에 관계없이 모든 가톨릭 성직자의 정체성은 사제이자 신부입니다. 신부, 곧 아버지에겐 아흔아홉 마리의 양도 소중하지만, 길 잃은 한 마리의 양도 똑같이 소중하기 때문이에요. 그게 아버지의 사랑이자 역할이니 'Father'는 가장 영예로운 호칭입니다. 그래서 제가 속한 교황청 성직자부의 모든 이들은 저를 '돈 라자로(Don Lazzaro, 이탈리아어로 '라자로 신부')'라고 부릅니다. 제가 그렇게 불러달라고 요청했어요."

교황청 성직자부 장관의 임기가 2021년 6월 11일에 시작됐는데, 그동안 한국 언론과 인터뷰를 거의 안 하셨습니다.

"특별한 이유는 없습니다. 마음으로나 일정으로나 여의치 않았어요. 교황청의 삶에 적응하는 데도 시간이 필요했고, 무엇보다 교황청에서 부여받은 제 역할이 막중하고 다양해서 시간이 빠르게 지나갔습니다."

이번에 방한하시면서 프란치스코 교황님의 친필 메시지를 가지고 오셨습니다. 어떤 메시지인가요.

"최근 한국과 한국 교회에 주신 메시지는 크게 두 가지라고 할 수 있습니다. 첫 번째는 과테말라에서 개최한 '라틴 아메리카 한국 가톨릭 선교사회(AMICAL)' 25주년에 보내신 메시지입니다. 교황님은 한국과 지리적으로 가장 먼 지역에서 한국인 특유의 근면함과 진실함으로 언어적·문화적 한계를 뛰어넘어 투신한 삶을 깊이 치하하며 교회의 삶에 대한 진리를 말씀하셨습니다. 예수 그리스도의 삶이 보여준 가르침은

"'라자로 신부'로 불러주세요.
추기경을 이탈리아어로 '에미넨자(Eminènza)'라고 하는데,
우리말로 '전하'라는 뜻이지요.
고위 성직자에 대한 호칭이지만,
저는 개인적으로 '신부(Father)'로 불리는 걸 좋아합니다.
직위에 관계없이 모든 가톨릭 성직자의 정체성은
사제이자 신부입니다.
신부, 곧 아버지에겐 아흔아홉 마리의 양도 소중하지만,
길 잃은 한 마리의 양도 똑같이 소중하기 때문이에요.
그게 아버지의 사랑이자 역할이니
'Father'는 가장 영예로운 호칭입니다."

나눌 때 더 풍부해진다는 것을요. 그러면서 한국 교회의 구성원이 물질주의, 편안함과 풍요로움을 추구하는 세속적 유혹에 굴복하지 말고 더 많은 형제 자매들과 나누며 선교 열정을 가지고 나아갈 것을 당부하셨습니다.

두 번째는 6·25 전쟁 정전 70주년을 맞아, 한국 천주교 주교회의 민족화해 주교특별위원회와 한국 천주교 주교회의의 요청을 받아들여 교황님께서 특별 메시지를 주셨습니다. 교황님은 같은 민족으로 같은 언어를 사용하면서도 부모 형제 자매가 전쟁으로 갈라져 70년을 지내는, 지구 어느 곳에서도 찾아볼 수 없는 우리 국민의 고통을 잘 알고 계십니다. 가톨릭 교회는 남북의 지도자들과 민족 구성원 모두가 남북 화해와 진정한 평화를 위해 기도하고 노력하도록 격려하고, 할 수 있다면 분단의 고통을 줄여나갈 수 있는 일에 앞서 갈 수 있어야 할 것입니다."

교황청 성직자부 장관은 어떤 임무를 하는 자리인가요.

“교황청 성직자부는 성직자들의 생활과 규율, 권리와 의무에 대한 관할권을 가집니다. 사제들이 기쁘고 행복하게 복음을 살 수 있도록 도움을 주지요. 전 세계의 사제, 부제, 신학생들과 사제가 되길 원하는 젊은이들이 모두 제가 봉사하는 대상입니다. 간혹 사회적 물의를 일으킨 성직자가 있으면 엄정한 심의를 거쳐 제재를 가하기도 합니다. 한 사람 한 사람이 소중하기에 진리와 정의에 입각해 신중하게 접근합니다. 늘 은총이 규율보다 크다는 사실을 기억하고자 합니다.”

바티칸에서 추기경님의 삶이 궁금합니다. 어떤 풍경에서 하루를 시작하는지요.

“저의 아침 알람은 4시 40분에 설정되어 있습니다. 동이 트지 않은 새벽에 하루를 시작하는 것은 신부가 된 후 40여 년 동안 저의 중요한 일과랍니다. 처음에는 아침 5시 30분에, 그 후 5시에 일어나는 것이 몸에 배었습니다. 로마에 와서는 20분을 앞당겨 4시 40분에 알람이 울리면 일어납니다. 하루를 조금 빠르게 하느님께 봉헌하며 건강하게 시작하고자 하는 마음이지요. 이 시간은 어느 것도 저를 방해하지 않는 매우 소중한 시간입니다. 숙소를 나오면 보통 5시가 조금 넘습니다. 바티칸 정원이 밝아지기 시작하는데 인적도 드물고 다양한 새소리로 매우 아름답습니다. 교황님 거처 앞을 지날 때는 유리창을 향해 '교황님, 좋은 하루 되십시오' 하며 기도를 드립니다. 마침 창문을 여시는 프란치스코 교황님과 여러 번 마주쳤어요. 교황님은 아름다운 미소를 지으며 농담을 건네곤 하시지요. 그렇게 하루를 시작하는 기도와 함께 바티칸 정원을 순례하는 마음으로 산책하면서 맨 위에 있는 루르드의 성모님 동굴까지 갑니다. 전날을 뒤돌아보고, 새로 시작하는 하루의 일정을 생각하며 계획을 세우지요. 영적으로도 유익한 시간이고, 약 5000보를 걸으니 건강에도 좋습니다. 하루를 일찍 시작하는 삶은 가능한 앞으로도 계속할 겁니다."

©서경리

이번 일정을 보니 한 달 안에 로마, 브라질, 과테말라, 에콰도르, 한국, 다시 로마, 포르투갈 등을 방문하시더군요. 젊은 사람도 소화하기 힘든 일정이에요.

"체력은 타고난 것 같습니다. 하느님께 감사드려요."

최근 세계 곳곳이 전쟁터나 다름없습니다. 우크라이나와 러시아 간 전쟁처럼 보이는 전쟁도 있지만, 보이지 않는 전쟁이 쉬지 않고 일어납니다. 반도체 전쟁, 마약과의 전쟁, 세대·성별 간 전쟁 등. 이 시대를 바라보는 추기경님의 마음이 궁금합니다.

"프란치스코 교황님은 이미 '제3차 세계전쟁'이 시작되었다고 말씀하십니다. 보이거나 보이지 않는 수많은 외교적·군사적·경제적 전쟁들이 하나같이 위험한 이유는 '연결된 고통'이거나 위기이기 때문이에요. 4차 산업혁명 시대에 세상을 움직이는 것이 네트워크라는 건 잘 알려진 사실입니다. 그 서비스의 말단에 놓인 가정과 개인은 평소 인식하지 못하다가 어느 순간 네트워크가 끊기면 상상할 수 없는 암흑세계에 빠질 수 있어요. 전 세계가 서로 연결된 초연결 사회에서 타자

"과연 우리는 상대방을
얼마나 존중하며 살고 있을까요.
상대방의 처지에 대해
얼마나 생각하면서 살고 있을까요.

나는 내가 찾는다고 찾아지는 게 아니랍니다.
있는 그대로의 나를 사람들 앞에 내놨을 때
진짜 내가 나타나요."

의 고통은 내 고통으로 빠르게 이어집니다. 돈과 권력에 대한 탐욕을 드러내는 데 주저함이 없고, 그 과정에서 죽음과 파괴를 부추기는 일 또한 만연합니다. 다행인 건 전과 다른 연대와 협력이 곳곳에서 일어나고 있다는 것이지요. 분쟁과 불의에 반대하고, 인류 공동의 집인 생태계를 지키고, 가난하고 어려운 이들과 함께하자는 활동 또한 어느 때보다 강하게 일어나고 있습니다."

'연결된 고통'이라는 표현이 크게 다가옵니다. 네트워크 세상에서는 고통마저 연결되는데, 사랑은 왜 전파가 안 되는 것처럼 느껴질까요.

"과연 우리는 상대방을 얼마나 존중하며 살고 있을까요. 상대방의 처지에 대해 얼마나 생각하면서 살고 있을까요. 우리는 지나치게 나 자신에 몰입하는 경향이 있어요. 예전보다 옆 사람과 친해질 수 있는 계기는 많지만, 애석하게도 진정한 소통은 과거보다 줄어든 것 같습니다. 나를 너무 찾으려 하지 않으면 좋겠습니다. 나는 내가 찾는다고 찾아지는 게 아니랍니다. 있는 그대로의 나를 사람들 앞에 내놨을 때 진짜 내가 나타나요. 그제야 내가 나를 보게 되지요. 다시 말해 진정한 나는 타인을 통해 드러납니다."

인문학에서는 혼자 있는 시간을 통해 진짜 나를 들여다보라고 하는데요.

"나의 내면을 들여다보는 것도 당연히 필요합니다. 하지만 너무 '나, 나, 나, 나' 하다 보면 정녕 중요한 것을 놓치게 돼요. 인간에게 최고의 순간은 사랑받는 순간이에요. 그 사랑은 상대를 통해 채워집니다. 그게 누구든. 성직자로서 저는 모든 사람을 사랑하는 마음으로 대하려 합니다. 그래서 화내는 사람이 가장 무섭습니다."

추기경님도 결국 한 사람의 인간인데요, 화가 날 때는 없는지요.

"물론 있지요. 가끔 하느님께 화가 날 때도 있습니다. 이해할 수 없는 사건 사고를 맞닥뜨리면 하느님을 향해 대들기도 합니다. '당신은 아버지이고, 사랑을 베풀어주시는 존재인데, 왜 이런 고통을 만드셨습니까'라며 따져요. 그다음엔 이렇게 말합니다. 저는 당신을 믿고, 아버지라는 걸 믿고, 모든 걸 좋은 방향으로 이끈다는 걸 믿습니다. 그러니 제가 할 일을 알려주십시오,라고요."

그러면 길이 보이나요?

"결국 사랑이라는 답을 얻습니다. 모든 일에 사랑을 넣으면 결과가 달라집니다."

사랑을 일상에서 구체적으로 실천할 수 있는 지혜를 구하고 싶습니다.

"경청, 경청이야말로 사랑을 실천할 수 있는 최고의 방법입니다. 누군가의 말을 진심으로 귀 기울여 들어주는 일은 아주 큰 힘을 가지고 있습니다. 딱딱한 마음을 풀어지게 해서 마음을 녹이지요. 얼마 전에도 그런 힘을 느꼈습니다. 한 자수성가한 분을 만났는데, 자기 세계가 아주 강한 분이었어요. 자신에게 철저한 사람은 타인에게도 엄격하고, 자신의 잘못에 너그러운 사람은 타인에게도 너그러운 법이지요. 그 분은 전자셨어요. 그분의 이야기를 한 시간 동안 그저 조용히 들어드렸

"경청이야말로
사랑을 실천할 수 있는 최고의 방법입니다.
누군가의 말을 진심으로 귀 기울여
들어주는 일은
아주 큰 힘을 가지고 있습니다.
딱딱한 마음을 풀어지게 해서
마음을 녹이지요."

습니다. 진정한 경청은 어떤 의도를 가지고 듣는 것이 아니라, 청자의 마음을 비우고 화자의 입장에서 듣는 것입니다. 결국 마음이 풀리면서 진심이 오갔습니다. 제가 가진 사랑의 힘으로 딱딱한 마음을 녹인 것 같았어요. 기뻤습니다."

## 3. 젊은이와 종교

이런 시대에 종교는 무엇을 할 수 있습니까.

"독일에는 종교세(Kirchensteuer)가 있습니다. 종교세 납부는 자유이지만, 만약 안 낸다면 장례미사나 예배를 할 수 없고, 아이가 태어나도 그 아이는 세례를 받을 수 없어요. 독일 친구들을 만날 때마다 '당신들은 왜 종교세를 냅니까?' 물어봅니다. 사람들이 이런 답을 합니다. 국가가 하지 못하는 일을 교회가 해주기를 바라는 마음이라고. 몇몇 사람의 답변을 일반화해서는 안 되겠지만, 그 답변을 들으며 교회가 어디에 있어야 하는지, 무엇을 해야 하는지에 대한 많은 생각이 들었습니다. 성경에는 '산 위의 도시'라는 표현이 있습니다. 산 위의 도시는 어두울수록 빛나지요. 우리 교회의 모습이 산 위의 도시처럼 사람들에게 빛과 희망이 되어야 합니다."

신자 수가 급감하는 현실입니다. 종교를 멀리하고 개인주의 성향으로 흐르는 경향이 강한데요. 이 시대 젊은이들에게 전하고 싶은 말씀이 있는지요.

"2018년에 가톨릭교회는 '젊은이'를 주제로 세계 주교대회 시노드를 개최했습니다. 저도 참석하여 한 달 동안 전 세계에서 모인 주교, 사제, 전문가, 젊은이가 함께 대화하고 협의하는 기회가 있었지요. 그때 '젊은이가 언제 교회를 떠났느냐? 교회가 젊은이를 떠나지 않았느냐?'라고 하신 한 주교님의 말씀이 많은 이의 호응을 받았습니다. 젊은이를 바라보는 시선을 달리해야 합니다. '오늘날 젊은이는 스승의 말을 따르지 않습니다. 스승의 말을 따랐다면 그 스승이 모범을 보여줬기 때문일 겁니다'라는 지혜의 말을 명심하면 좋겠습니다.

이 격언대로 교회가 모범을 보여주고 있을까 생각해 봐야 합니다. 복음적 삶에 가깝게 사는 모습을 보여주었나, 청년들이 교회 안에 있어도 그들을 없는 사람처럼 취급하지 않았나, 청년들이 분노하는 불의와 불평등, 차별이 교회 안에 없는지

"성경에는 '산 위의 도시'라는 표현이 있습니다.
산 위의 도시는 어두울수록 빛나지요.
우리 교회의 모습이 산 위의 도시처럼
사람들에게 빛과 희망이 되어야 합니다."

되돌아봐야 합니다. 청년들에게 모범을 보여주지 못하면서 그들의 성향을 탓하고 있는 건 아닌지 생각해 봐야 합니다."

유럽 등 서구사회는 종교심을 많이 잃었지만, 한국을 비롯한 아시아에서는 여전히 종교에 대해 좋은 심성이 남아 있는 것으로 압니다. 앞으로 나아갈 방향을 어떻게 보는지요.

"교회는 복음이 중심이 되는 삶을 강조합니다. 복음과 생활이 일치되는 삶이어야 합니다. 복음 중심의 삶은 시류에 편승하는 대세의 삶이 아니라, 예수 그리스도의 말씀에 따라 가는 어려운 길을 선택하는 삶입니다. 어둠이 깊은 사회에서 사랑과 정의를 실천하려면 교회도, 성직자도, 수도자도 더 큰 고통이 따릅니다. 자신을 내어놓지 않으면 사회를 변화시킬 수 없어요. 교회는 그 고통을 스스로 감내하는 길로 나아가야 합니다."

어떤 삶이 고통을 스스로 감내하는 삶일까요.

"프란치스코 교황님은 교황의 공식 관저인 사도궁에 머물지 않고 '산타 마르타의 집'에 머무셨습니다. 사도궁은 출

입이 엄격히 제한돼 있어 일부 선택된 사람만 만날 수 있다는 한계가 있지만, 마르타의 집은 접근성이 용이한 편입니다. 가난하고 힘든 사람을 더 많이 만나고자 하는 교황님의 의지가 반영된 선택이지요. 교황님은 마르타의 집에서 접시를 들고 스스로 음식을 떠오기도 하시고, 사람들과 어울려 자연스럽게 식사하셨습니다. 이런 교황님의 모습이 많은 성직자들에게 귀감이 되었습니다."

한국 교회는 어떻습니까.

"많은 훌륭한 분들이 한국의 교회를 위해 희생하고 봉사하고 계십니다. 하지만 한국 교회는 여전히 남성적입니다. 여성의 역할은 소박하고 지엽적인 부분에 한정돼 있다는 인상을 받습니다. 프란치스코 교황님도 여성이 교회 안에서 더 많은 역할을 맡을 수 있도록 해야 한다고 말씀하셨고, 실제로 많은 실천을 하셨습니다. 이제 여성도 독서직과 시종직을 맡을 수 있게 되었답니다. '교회는 여성의 얼굴을 지니고 있다'는 표현이 그저 학회에서 이야기하는 듣기 좋은 말에 그치지 않아야 합니다. 독서직, 시종직뿐 아니라 더 많은 직무에 여성이 참여해야 합니다."

프란치스코 교황님은 추기경님 책 추천사를 빌려 "우리 모두에게는 동양에서 오는 빛이 필요합니다"라며 권위주의 타파와 탈중앙화의 필요성을 넌지시 내보였습니다.

"교황님이 말씀하신 '동양에서 오는 빛'은 교회의 전통적 화법에서 나온 것이라고 생각합니다. 서방교회의 모든 전례와 성경, 교회법 등의 전통이 '동방교회'에서 유래하기 때문이지요. 그 '동방'을 '동양'에 빗대어 말씀하신 은유로 보입니다. 이것은 성경이 쓰이고 전례와 교회법이 세워지던 시기의 교회 정신으로 돌아가야 한다는 의미로 해석됩니다. 교황님이 말씀하신 '동양'이란 특정 지역을 가리키는 표현이라기보다 변화를 바라는 마음, 그 변화를 원천에서부터 되짚어보길 바라는 마음이 아닐까 싶습니다."

추기경님께 교황청 중책 중 하나인 '성직자부 장관'을 맡긴 것도 그 연장선이겠군요.

"당시 프란치스코 교황님이 교황청에서 매우 중요한 업무

"저는 한없이 부족한 사람입니다.
인간적으로도 부족하고, 학습도, 언어도 부족합니다.
저라는 부족한 도구를 통해
하느님께서 무언가를 이루시려고 한다면
제가 가진 무언가가 있지 않을까 생각해보게 됩니다.
저에겐 오직 하나,
다른 사람을 이해하고자 하는 마음이 크게 있습니다."

중 하나인 전 세계 성직자와 신학생에 관한 업무를 저에게 맡기면서 이런 말씀을 하신 기억이 납니다. 교황청이 서구 중심이 아니라 보편화, 세계화되었다고 말입니다. 부족한 제가 그런 중요한 가치 안에서 책임을 맡게 되어 어깨가 무겁습니다."

교황청에서 추기경님은 '친교의 사람'으로 정평이 나 있는 것으로 압니다. "온화한 미소와 선한 인상, 격식을 따지지 않고 인간적인 소통을 하는 분"으로 언급되더군요. '친교'의 가치를 내내 강조하던데요, 친교가 왜 그토록 중요합니까.

"저는 한없이 부족한 사람입니다. 인간적으로도 부족하고, 학습도, 언어도 부족합니다. 저라는 부족한 도구를 통해 하느님께서 무언가를 이루시려고 한다면 제가 가진 무언가가 있지 않을까 생각해보게 됩니다. 저에겐 오직 하나, 다른 사람을 이해하고자 하는 마음이 크게 있습니다. 사람들과의 대화를 통해 친교를 이루고, 새로운 좋은 관계를 만들려 노력합니다. 저에게 '친교의 삶'은 신앙생활 자체라고 할 수 있습니다. 누군가 '당신은 무엇을 하는 사람입니까? 무엇을 잘하는 사람입니까?'라고 묻는다면 '사람을 만나는 사람이고, 사

ⓒ유홍식 추기경실

람에 대한 전문가입니다'라고 답하겠습니다."

어떤 사람이 사람에 대한 전문가라고 할 수 있을까요.

"친교를 이루는 사람이 되는 것과 진리를 가르치는 사람이 되는 것은 별개가 아닙니다. 친교의 사람은 사랑으로 진실해진 관계 안에서 상호 경청과 대화를 통해 가능합니다. 경청한다는 것은 자신을 비우고 상대방에게 열린 공간을 내어 주는 것이지요. 함께 걸으면서 서로 경청하면 사랑의 마음이 더욱 커집니다. 사제는 먼저 친교의 사람이 되어야 합니다."

친교와 더불어 '미소'의 힘도 역설하지요. 《라자로 유흥식》에서 "삶의 작은 것들은 작은 미소 한 번으로 바뀌는 것 같습니다"라고 하신 구절이 마음에 오래 남습니다.

"'슬픈 모습의 성인이 없고, 기쁜 모습의 마귀도 없다'. 가톨릭교회에 전해 내려오는 격언이에요. 기쁜 사람이 기쁨을 전해주고, 화난 사람은 화를, 짜증 난 사람은 짜증을 전해줍니다. 사랑은 굉장한 전염력을 가지고 있답니다. 어딜 가나 분위기를 기쁘고 명랑하게 만드는 사람이 되고 싶습니다."

지금 대화를 나누면서도 추기경님의 환한 미소와 명랑한 에너지에 동화되는 걸 느껴요.

"그런가요?(웃음) 미국 보스턴에서 함께 살았던 친구들도 제게 '유 메이크 미 해피(당신은 나를 행복하게 만들어요)'라고 했답니다. 모든 기준은 사랑이에요. 사랑의 실천은 사람들을 매료시킵니다. 형제애와 같은 개념이지요. 서로를 향한 사랑을 삶으로 보여주는 것이야말로 이 시대에 꼭 필요한 가치라고 생각합니다. 사랑은 신분과 역할, 위계질서 등 모든 것을 뛰어넘습니다. 윤리 규범과 교회법 조항을 초월한 가장 지고한 개념이에요."

신부님들이 찾아오면 어떻게 대합니까.

"'무슨 일로 왔는가' 혹은 '문제가 있는가' 묻지 않습니다. 먼저 크게 환대를 하면서 커피나 식사를 함께 하자며 대화를 시작하지요. 진솔하고 화기애애한 대화는 어떤 권위보다도 더 강한 힘을 지닙니다."

《라자로 유흥식》을 쓰신 코센티노 신부님은 추기경님에 대해 '진지하고 솔직한 대화를 나눌 수 있는 열린 분'이라고 말씀하셨지요. 많은 분들이 추기경님을 그 누구와도 금세 친해지고 편안하게 대화를 나눌 수 있는 분이라고 합니다. 친화력은 선천적인 성격인가요, 아니면 후천적으로 갈고닦은 성정인가요.

"명랑하고 쾌활한 제 성격은 타고난 부분이 있다고 생각합니다. 어렸을 때부터 친구들과 잘 어울리면서 놀러다니는 시골의 개구쟁이였지요. 이런 제 성격이 누군가를 사랑하면서 날개를 달았다고도 할 수 있을 것 같습니다. 사제로 서품을 받으면서 '십자가 위의 예수님과 결혼했다'고 표현하곤 합니다. 저의 모든 기쁨의 원천은 십자가 위의 예수님을 사랑한 열매라고 말할 수 있습니다. 이런 저의 삶의 자세는 제 자신은 물론이고 이웃과 교회, 세상 안에서 만나는 모든 어려움, 다시 말해 십자가를 만나는 저의 자세입니다.

코센티노 신부님은 젊은 신부님이면서 열린 마음의 폭이 넓은 멋진 분입니다. 신부님과의 만남과 대화는 언제나 저의 큰 기쁨이죠. 신부님과 열린 대화를 나누면서 형제적인 관계

"'슬픈 모습의 성인이 없고,
기쁜 모습의 마귀도 없다'.
가톨릭교회에 전해 내려오는 격언이에요.
기쁜 사람이 기쁨을 전해주고,
화난 사람은 화를,
짜증 난 사람은 짜증을 전해줍니다."

를 누리고 있습니다. 코센티노 신부님이야말로 친화력이 강하고 열린 대화를 나누는 분이기에 저를 그렇게 표현했다고 봅니다."

## 4. 내어주는 삶

유흥식 추기경은 1951년 충남 논산에서 3남매 중 막내로 태어났다. 김수환·정진석·염수정 추기경이 독실한 가톨릭 집안에서 나고 자란 것과 달리, 그는 고등학교 1학년 때 세례를 받았다. 그가 가톨릭과 인연을 맺은 건 우연이었다. 어려서 아버지가 실종되고, 일찌감치 어머니 혼자 3남매를 부양해야 했기에 경제적으로 넉넉하지 않은 집안이었다.

중학생 유흥식은 장학금을 받고 다닐 수 있는 학교를 찾다가 집에서 가까운 대건고등학교를 다니게 됐다. 한국 최초의 사제인 김대건 신부의 이름을 딴 학교, 가톨릭과 인연의 시작이었다. 수녀님들의 따스한 보살핌을 받으며 인류애의 거룩함을 느낀 그는 종교심에 눈을 떴다. 아무도 시키지 않았지만 매일 새벽 여섯 시 미사를 다녔다. 비가 오거나 눈이 와도, 혹한이나 폭염이 닥쳐도 빠지지 않았다고 한다.

어려서부터 결단력이 있고, 한번 하기로 했으면 해내고야 마는 뚝심이 있던 그는 신학생이 되기로 마음먹었다. 가족에게는 알리지 않고 가톨릭대학교 입학시험을 몰래 치를 정도로 자기 결정력이 강했다. 사제의 길을 운명으로 여긴 그는 흔들리지 않고 자신의 쓰임을 받아들였다. 1979년 이탈리아 로마 라테라노대학교 교의신학 박사학위를 취득하고 현지에서 사제품을 받았다. 솔뫼 피정의 집 관장, 대전가톨릭대학교 총장, 대전교구 교구장 주교 등을 거쳐 로마 교황청 성직자부 장관에 서임되기에 이르렀다.

1966년에 세례 받으며 '라자로'를 세례명으로 삼았습니다.

"고등학교 1학년 크리스마스 전날 세례를 받았습니다. 가톨릭교회에서는 세례받을 때 한 성인을 골라 세례명으로 삼고, 그 성인의 삶을 본받으려고 노력하는 아름다운 전통이 있답니다. 저는 저와 생일이 비슷한 '라자로' 성인을 저의 수호성인으로 정했습니다. 성 라자로는 성경에 두 명 나옵니다. 예

"외로움은 모든 인간이 느끼는 감정입니다.
부정적인 감정이 아니라, 감내해야 하는 감정이고,
인간을 더욱 인간답게 성숙시키는 감정이기도 합니다.
저에게 고독은 두 가지 얼굴을 보여줍니다.
자기 자신을 깊숙이 만나는 시간인 동시에,
고요함 속에 침잠해 있다 보면
하느님과 함께 있게 되는 시간이기도 합니다."

수님의 친구로 죽었다가 부활한 라자로, 너무 가난해서 부자들이 식탁에 남긴 음식으로 굶주림을 면했던 종기투성이의 라자로. 보통 라자로는 가난한 이의 상징입니다. 프란치스코 교황님은 우리 주위에 있는 모든 가난하고 소외된 이들을 '라자로'로 표현하기도 합니다. 저는 부활한 라자로와 가난한 라자로 이 둘을 모두 기억하며 제 세례명에 새롭게 의미를 부여했어요. 가난한 라자로를 생각하며 그들을 위해 살 때 저는 십자가를 지고 죽었다가 부활하는 라자로 신부가 될 수 있다고 말입니다."

한 사람의 정체성을 이루는 결정적인 일들은 주로 어린 시절에 발생합니다. 추기경님의 경우 넉넉지 않은 집안 형편으로 인해 우연히 가게 된 대건고등학교에서 삶의 빛을 만나게 되었는데요. 만약 당시 성직자의 길을 걷지 않았다면 지금쯤 무엇을 하고 있을지 상상해본 적이 있는지요.

"글쎄요. 남편 없이 자녀 셋을 키우면서 고생하신 어머니를 오랫동안 봐왔습니다. 어머니를 가난에서 벗어나게 해드리고 싶어서 상과대학에 가려고 잠시 고민한 기억이 납니다.

또 사범대학에 진학해 선생님이 되어 아이들을 가르치면 보람 있겠다는 생각을 한 적도 있습니다. 만약 둘 중 하나의 길을 갔다면 지금 어떤 삶을 살고 있을까 상상하며 혼자 웃음을 짓기도 했습니다."

사제의 길을 걷겠다고 했을 때, 어머님이 식음을 전폐하고 사흘 밤낮을 우셨다지요. 일찌감치 독신의 삶을 결정한 아들의 인생을 바라보는 건 부모로서 쉽지 않은 일이라는 생각이 듭니다. 지나온 길을 돌아보면 인간적인 외로움은 없었는지 궁금합니다.

"외로움은 모든 인간이 느끼는 감정입니다. 부정적인 감정이 아니라, 감내해야 하는 감정이고, 인간을 더욱 인간답게 성숙시키는 감정이기도 합니다. 저에게 고독은 두 가지 얼굴을 보여줍니다. 자기 자신을 깊숙이 만나는 시간인 동시에, 고요함 속에 침잠해 있다 보면 하느님과 함께 있게 되는 시간이기도 합니다. 준비하는 삶을 산다는 건 주어진 처지를 감사하면서 받아들이는 거예요. 인간적인 외로움으로 인해 무력감을 느낀 적은 없습니다."

그런가 하면 1979년 사제로 서품 받은 날, 이해할 수 없는 강렬한 체험에 대해 고백했지요. "죽을 것 같은 기분을 느꼈다"고 했는데요, 40여 년 전의 그 체험을 지금에 와서는 어떻게 받아들이는지요.

"제가 성직자부 장관 업무를 시작하고 며칠 후 프란치스코 교황님을 뵈었을 때입니다. '교황님, 제가 많이 부족하지만 교황님께 온 마음을 다해 협력하고 교황님의 뜻을 따르겠습니다. 또한 작은 바람이 있다면 교황님께 위로와 기쁨까지 드리는 삶을 소망합니다'라고 말씀을 드렸습니다. 교황님은 '주교님은 이미 나에게 기쁨을 주고 있습니다'라고 말씀하셨지만, 저는 조금 더 직접적인 질문을 드렸습니다. '저에게 원하시는 것이 무엇입니까?'라고요. 교황님은 지체하지 않고 '십자가(La Croce, 라 크로체)'라고 답하셨습니다. 순간 40여 년 전의 그 기분이 되살아나더군요. '죽을 것 같은 기분'이 기분으로 그치지 않고 죽을 각오로 나아가야 한다고 새롭게 의식하게 됐어요. 그리스도교는 죽음과 부활의 종교입니다. 살기 위해, 부활하기 위해 먼저 죽어야 합니다. 죽는 길만이 사는 길이에요. 다른 길은 없습니다. 사제의 삶이란 그리스도와

"'주는 것이 받는 것보다 더 행복하다(사도 20, 35)'라는
성경 말씀이 있습니다.
내어주는 삶이 저를 행복하고 평화롭게 만들어줍니다."

함께 죽고 그분처럼 목숨을 내놓는 삶임을 깨달았습니다. 사제에게는 매일 자신을 버리고 짊어져야 할 십자가가 있습니다. 십자가 없이는 올바른 신앙생활을 할 수 없습니다."

추기경님이 직접 겪으신 종교의 힘에 대해 여쭙니다. "하느님 사랑 안에 머무는 사제는 마음의 평화를 잃지 않는다"고 하셨지요. '마음의 평화'는 비단 가톨릭뿐 아니라 모든 종교가 지향하는 지점으로 알고 있습니다. 추기경님이 느끼시는 마음의 평화는 어떤 경지인가요.

"앞서 그리스도인이 된다는 것은 '세상의 시류에 거스르는 삶을 살겠다'는 다짐이라고 말씀드렸지요. 그 맥락에서 사랑을 실천하는 삶이 모두 평안하고 순조롭고 편안할 수는 없습니다. 자기 마음의 평화와 안식만을 위해서 신앙생활을 한다면 많은 부분 실망할 수 있고 잘못된 신앙생활이 되기도 하지요. 사랑의 정의를 실천하는 일에는 많은 시련이 따릅니다. 시련을 회피하며 해야 할 일들을 하지 않을 때야말로 마음의 평화가 깨지는 순간인데, 이런 상태가 정직한 순간입니다. 그리스도가 가르친 사랑을 실천하고 복음 말씀대로 살아내는 시간들이 마음의 평화를 유지하는 방법일 것입니다. '주는 것이 받는 것보다 더 행복하다(사도 20, 35)'라는 성경 말씀이 있습니다. 내어주는 삶이 저를 행복하고 평화롭게 만들어줍니다."

2014년 대전과 솔뫼성지에서 열린 '제6회 아시아 청년대회'에 프란치스코 교황님이 방한해서 화제가 됐지요. 교황님의 방한이 있기까지, 보이지 않는 곳에서 추기경님의 애씀의 과정이 있었던 것으로 압니다.

"당시 저는 천주교 대전교구 교구장으로 아시아 청년들을 맞을 준비를 했습니다. 지금도 그렇지만 그때도 한국의 청년은 물론 아시아 청년들이 많은 어려움을 겪고 있었습니다. 한국과 아시아 청년들에게 희망과 꿈과 용기를 주는 아시아 청년대회가 될 수 있도록 다양한 친교와 소통의 길을 찾았지요. 특별히 소수의 아시아 청년들에게 새로운 용기와 희망과 빛을 주기 위해 교황님의 방한 혹은 특사 파견을 요청하는 것이 좋겠다는 소망으로 편지를 드렸습니다. 저의 소박한 편지를 받은 교황님께서는 실무진과 깊은 대화를 나누면서 '나는 이 편지를 읽으면서 우리가 한국에 가야 한다는, 마음 깊은 곳에서 우러나오는 소리를 들었다'라고 말씀하셨습니다. 많은 상황을 검토한 후 2014년 8월 교황이 되고 처음으로 한국을 방문하셨습니다. 제 편지는 작은 도구가 되었을 뿐이에요. 프란치스코 교황님은 당신 본국인 아르헨티나에서 한국인에 대한 좋은 경험과 인상을 가지고 계셨어요. 이것도 긍정적인 영향을 주었다고 생각합니다."

© 유흥식 추기경실

## 5. 나의 꿈, 나의 소망

바티칸에서 거리를 두고 바라본 한국은 가까이에서 볼 때와 다를 것 같습니다. 어떤 나라로 인식되는지요.

"교황청은 전 세계에서 모여든 성직자들이 함께 생활하며 교황님을 도와 보편 가톨릭교회를 위해 봉사합니다. 다양한 사람들과 문화가 만나는 곳이지요. 과거와 달리 한국은 더 이상 세계인이 모르는 나라가 아닙니다. 오늘날 우리는 이전과 비교할 수 없는 강한 나라가 되었음을 실감합니다. 어디를 가도 한국인임을 자랑스럽게 말할 수 있답니다. 한국 천주교회는 지난 100여 년 동안 혹독한 박해 속에서도 평신도들이 주축이 돼서 복음을 선포하며 신앙을 지켰고, 신자 수가 늘어나는 등 복음화 활동에서도 매우 긍정적이고 높은 평가를 받고 있습니다. 이런 신앙의 역사를 모른다고 해도 한국의 국력이나 국격은 바티칸이 한국에 대한 시각을 교정하는 또 하나의 지표가 되기도 합니다. 매우 조심스러운 표현이지만 많은 이들이 한국은 국가와 교회가 함께 성장하는 나라로, 특별히 아시아를 이끌어갈 수 있는 강한 나라로 보고 있습니다."

진정한 리더국이 되기 위해 우리에게 필요한 건 뭘까요.

"다만 한국이 우리만의 영혼과 철학을 가지고 있는지 반문해야 합니다. 대한민국이 진정한 선진국, 혹은 한 지역의 대표성을 띤 리더국으로 가려면 우리 사회는 물론 다른 나라를 이끌 보편과 본질을 아우르는 영혼의 정수를 새롭게 가져야 합니다. 그것을 발견하고 정립하는 일은 우리 위상이 높아질수록 미룰 수 없는 시급한 과제라고 봅니다."

종교 지도자가 현실 정치에 대해 때때로 목소리를 내는 것이 필요하다고 보는지요.

"프란치스코 교황님은 정치인을 위해 특별히 기도하고, 기도하지 않으면 고백성사를 봐야 한다고 말씀하셨습니다. 정치

“현실 정치는 국민의 삶과 직결되는
모든 문제에 대한 결정을 내립니다.
종교인도 한 나라의 국민입니다.
당연히 국민들 삶에 관한 문제에 소리를 내야 합니다.
힘들고 가난한 이들을 대변한다면
그 소리가 비록 정치 영역에 영향을 끼친다 해도
공동선을 위해 목소리를 내야 합니다.”

인을 위해 기도하지 않으면 정치를 비판할 자격이 없다고까지 하신답니다. 현실 정치는 국민의 삶과 직결되는 모든 문제에 대한 결정을 내립니다. 종교인도 한 나라의 국민입니다. 당연히 국민들 삶에 관한 문제에 소리를 내야 합니다. 힘들고 가난한 이들을 대변할 수 있다면 그 소리가 비록 정치 영역에 영향을 끼친다 해도 공동선을 위해 목소리를 내야 합니다."

첨예한 갈등 상황에서 어느 한쪽 편을 들어야 한다면 어떤 기준으로 사안을 봐야 합니까.

"정치 영역에서 많은 문제가 첨예하게 서로 대립해 싸우고 투쟁하는 모습을 보게 됩니다. 이 경우 '불일치 중에 최선을 택하기보다, 일치 중에 차선을 택하는 것이 좋다'는 말을 기억하면 좋겠습니다. 정치인들은 자신의 그릇을 바라보기보다 국민의 그릇을 바라보는 것에서 출발하길 바랍니다. 앞에서 밝혔지만 아버지(Father)에겐 아흔아홉 마리 양도 소중하지만 길 잃은 한 마리 양도 똑같이 소중합니다. 저는 그 길 잃은 양 한 마리가 있다면 좌든 우든 어디에든 갈 것입니다."

지금 시점에서 꿈이 있으신지요.

"꿈이라기보다 바람이라고 표현하고 싶은데요. 김대건 신부님은 한국인 최초의 사제입니다. 그분은 신학뿐 아니라 철학, 과학, 지리학 분야에서도 아주 우수한 인재여서 조선 조정에서 회유하기도 했지요. 25년 26일의 짧은 삶. 유네스코는 지난 2021년 김대건 신부님을 세계기념인물로 선정했습니다. 이제 한국의 김대건에서 세계의 김대건 신부님이 되신 것이지요. 이를 기념해 김대건 신부님의 성상을 바티칸에 있는 베드로 대성당 회랑 상단에 모시는 것이 제 바람입니다. 프란치스코 교황님께도 이 간절한 바람을 전했습니다."

교황님은 뭐라고 답하셨나요.

"기도하라고 하셨어요. 하느님께서 당신보다 주교님의 기도를 더 잘 들어주실 거라면서요. 감사하게도 김대건 신부님의 석상을 모시는 것에 대한 교황님의 최종 허락이 떨어졌습니다. 9월 16일(성 김대건 신부 순교 177주년의 날)에 교황청과 한국에서 오는 대표자들과 함께 성대한 축복식을 가질 예정입니다. 이는 성 베드로 대성당 건축·미술 담당자들과 많은 대화를 거치는 매우 어렵고 복잡한 과정을 통과해 이뤄진 일입니다."

그의 소원은 이루어졌다. 2023년 9월 16일, 김대건 신부의 성상이 바티칸 성 베드로 대성전의 프란치스코, 도미니코 성인 등 유럽 수도회 설립자들의 성상 옆에 세워졌다. 대성전 외벽에 수도회 창설자가 아닌 성인의 성상이 설치된 것은 처음 있는 일이며, 아시아 성인의 성상이 성 베드로 대성전에 설치된 것도 가톨릭교회 역사상 최초다.

그다음 꿈은요?

"신부답게 살고 싶어요. 재밌고, 신나고, 명랑하게."

명랑 주교라…. 꿈이 다소 소박합니다.

"소박하지만 아주 중요한 일입니다. 사실 저는 세상을 바꾸기 위해 크게 한 일이 없습니다. 삶의 작은 것들은 작은 미소 한 번으로 바뀌는 것 같아요. 사랑을 실천하다 보면 미소가 번지지요. 미소가 번지면 삶이 재미있고, 신나고 명랑해집니

"신부답게 살고 싶어요.
재밌고, 신나고, 명랑하게."

다. 그 명랑함은 다시 사람들에게 전염됩니다."

이 시대를 살아가는 인류가 더 좋은 세상을 만들기 위해 다 함께 노력해야 하는 부분이 있다면요.

"물적 성장을 위해 달려온 인류는 이제 반대로 심각한 영적 빈곤을 느끼고 있어요. 고통의 국면에서 헤어나기 어려워졌습니다. 공동선은 사라지고 자기 살 길만 찾는 탐욕과 이기심이 극에 달한 상황이 이를 뒷받침하지요. 인간의 영혼에서 희망을 찾지 못하는 것이 가장 불행한 일입니다. 이런 상황에서 타자를 바꾸는 것보다 나를 바꾸는 것이 조금 더 가능성 있는 변화를 가져올 수 있다고 할 때, '누가 어떻게 하면 좋겠다'는 태도가 아니라 한 사람 한 사람이 '내가 이런 태도로 살겠다'는 다짐과 각성이 필요해 보입니다. 특히 많은 사람과 관련된 일을 결정하고 책임지는 자리에 있다면 그런 의식과 태도를 더 무겁고 엄중하게 가져가야 할 것입니다. 사람이 사람에게서 신뢰를 찾아야 희망을 가질 수 있습니다. 그래야 연대하고 협력할 수 있습니다. 나부터 신뢰할 수 있는 사람, 희망의 사람이 된다면 내 주변을 변화시킬 수 있습니다. 나아가 지도자와 리더가 신뢰할 수 있는 사람, 희망의 사람이 된다면 한 사회와 국가를 변화시킬 수 있습니다. 저 역시 그런 중책의 소임을 맡은 사람으로서 부족하지만 희망을 주는 사람이 되고자 노력하겠습니다."

교황청 근무 이후의 바람은 있으신지요.

"한국으로 돌아가서 사람들을 만나며 더불어 사는 데 보탬이 되고 싶습니다. 그러면서 저의 죽음을 기도하며 준비하려 합니다. 저는 웃으면서 죽고 싶습니다. 얼마 전 이탈리아 저명 석학의 임종에 함께할 기회가 있었는데 그분이 죽음을 맞이하는 모습이 꼭 그랬습니다. 정말 웃으면서 돌아가셨어요. 그 모습을 보며 적잖은 충격을 받았습니다. 죽음이 축제가 될 수 있겠구나 싶었지요. 그분은 천국으로 가신 게 아니라 천국을 이 땅으로 불러오신 분이라는 생각이 들더군요. 그 뒤로 저도 같은 꿈을 갖게 되었습니다. 웃으면서 죽을 수 있게 해달라고요."

인간에게는 거울 뉴런이 있다. 타인의 행동을 거울처럼 고스란히 모방하는 신경 네트워크를 말한다. 유흥식 추기경과 인터뷰하고 돌아서면서 내 얼굴 근육이 평소와 다르다는 걸 감지했다. 인터뷰 내내 웃고 있었고, 그와 헤어지고 나서도 미소가 떠나지 않았다. 유흥식 추기경의 말이 맞았다. 명랑함에는 전염력이 있다. 더군다나 내 앞의 한 존재를 온전히 수용하고 사랑할 줄 아는 이의 명랑함에는 막강한 힘이 있었다. 세포 구석구석에 명랑 에너지가 각인된 듯 경쾌한 기분이 꽤 오래 지속되었다.

"명랑한 주교가 되고 싶다"는 그의 꿈을 되뇌어본다. 우리는 어쩌면 인류애를 너무 거창하게 생각하는 게 아닐까. 나는 누군가와 대화 후 미소를 남기는 사람인가, 아니면 어두운 그늘을 짓게 만드는 사람인가. 더 좋은 세상을 만드는 일은 나의 작은 미소에서 시작한다는 진리를 깨닫는다. 한 존재가 다른 존재를 온몸으로 환대한다는 것은 얼마나 위대한 일인가.

# 12·3 계엄 선포 후 시국선언문

정치 영역에서 많은 문제가 첨예하게 대립하고 투쟁하는 모습이 이어져 왔다. 추기경 유흥식 라자로는 '고통에는 중립이 없다', '정의에는 중립이 없다'는 그의 평소 지론에 따라 12·3 계엄 선포에 관한 시국선언문을 작성했다.

한국 천주교회 성직자, 수도자, 형제 자매님들, 동포 여러분! 평안하십니까?

저와 가까운 언론에 종사하는 분들, 사회 지도층과 종교계의 많은 분이 저에게 프란치스코 교황님의 건강을 걱정하고, 비상계엄 후 우리나라의 무질서하고 어려운 현실에 대하여 저의 솔직한 의견을 표시해 줄 것을 요청받고 있습니다. 제가 무슨 말을 할 수 있나,라는 깊은 사고와 기도를 하였습니다. 요청을 받아들이기로 마음을 정하고 기도하는 마음으로 저의 생각을 말씀드립니다.

현재 88세의 고령이신 프란치스코 교황님께서는 병원에 입원하신 지 한 달이 넘었습니다. 의사들의 뜻에 기꺼이 순종하시면서 자신이 겪는 모든 고통과 어려움을 하느님께 바쳐 드리며 치료받고 계십니다. 병이 호전되어 곧 교황청으로 돌아오실 것으로 예상하고 있습니다. 교황님의 건강이 하루빨리 회복되길 염원하는 전 세계의 많은 분의 간절한 기도에 감사드립니다. 우리의 계속된 기도를 통해 교황님의 심신의 회복을 간구합니다. 아울러 여러 면에서 고통 중에 있는 세계의 모든 아픈 이의 회복을 위해서도 함께 기도해 주시기를 부탁드립니다. 교황님은 이미 이 세계의 고통을 치유할 가르침을 주셨고 지금도 기도하고 계시기 때문입니다.

이 시점에서 교황님께서 현대인들에게 간절히 바라시는 가르침을 몇 개 되새겨 봅니다.

첫째, 교황님은 끊임없이 넓은 마음을 가져 달라고 촉구하셨고, 몸소 우리에게 보여주고 계십니다. 아우구스티누스 성인이 주님 품에 안기기 전까지 안식은 없다고 말씀하셨던 것처럼, 인간의 삶은 고통을 피할 수 없습니다. 수많은 사람의 이해와 충돌 사이에서 사랑에 기반한 포용과 관용의 정신이 없이 고통은 가중될 것입니다.

둘째, 서로 존중하는 삶입니다. 하느님은 우리에게 자유 의지를 주셨고 그래서 개개인이 사람마다, 또 그가 속한 환경에 따라 서로 다른 생각을 가질 수 있습니다. 서로 통하지 않는 것이 어쩌면 더 자연스러운 기본값이라는 것을 받아들이며 서로 존중하는 마음이 어느 때보다 필요합니다.

셋째, 어려운 이들에 대한 관심을 끊임없이 촉구하셨습니다. 세계가 위기에 직면해 있을 때 가장 먼저, 가장 깊이 고통받는 사람은 평화로운 시절에도 어려웠던 사람들입니다. 개인의 문제보다 구조적으로 가난하고 힘겨운 삶으로 내몰리는 사람들이 점점 더 많아지고 있습니다. 공동체가 이들에 관한 관심과 보살핌이 어느 때보다도 필요합니다.

이런 생각의 끝에서 제가 사랑하는 자랑스러운 우리 대한민국의 현실을 모른 척 외면할 수 없습니다. 지난해 말 고국에서 벌어진 계엄 선포라는 믿을 수 없는 소식을 접하고 참담하기 이루 말할 수 없었습니다. 다행히 국회가 신속하게 계엄 해제를 의결함으로써 국가적 비극으로 치닫는 일은 일단 멈추었고 수많은 국민이 추위를 뚫고 광장과 거리로 나와 함께 하면서 탄핵소추안이 가결되었다는 소식을 들었습니다. 벌써 시간은 혹한을 지나 3월 하순을 향해 나아가고 있습니다. 그런데도 아직 상황은 마무리되지 않은 채 국민의 마음은 여전히 살얼음판을 걷고 있습니다.

법은 상식과 양심으로 해결이 안 되는 일이 있을 때 사용할 수 있는 인간 사회의 최후 보루입니다. 따라서 되도록 상식과 양심 안에서 해결될 수 있어야 좋은 사회입니다. 성서의 히브리서에는 다섯 차례 양심에 대한 개념이 등장합니다. 9장 9절에서는 현시대를 가리키는 상징으로 '온전하지 못한 양심'을, 9장 14절에서는 '구원받은 양심'을, 10장 2절에서는 '죄의 양심'을, 10장 22절에서는 '깨끗해진 양심'을, 13장 18절에서는 어느 때고 올바르게 처신하려고 하는 '바른 양심'을 말하고 있습니다.

그런데 우리 사회는 양심이라는 말이 빛을 잃은 지 오래입니다. 이미 법에만 저촉되지 않으면 무슨 일을 해도 된다는 마음을 넘어, 법을 가볍게 무시하는 일을 서슴지 않는 무서운 마음이 자리 잡았습니다. 누구보다 정의와 양심에 먼저 물어야 하는 사회지도층이 법마저 지키지 않는다면 우리 사회는 어디로 갈 수 있겠습니까.

그래서 위기의 대한민국을 위한 갈급한 마음을 가지고 헌법재판소에 호소합니다. 되어야 할 일은 빠르게 되도록 하는 일이 정의의 실현이며 양심의 회복입니다. 우리 안에, 저 깊숙이 살아있는 정의와 양심의 소리를 듣는다면 더 이상 지체할 이유가 없을 것입니다. 프란치스코 교황님은 '고통에는 중립이 없다'라고 말씀하셨습니다. 이와 마찬가지로 정의에는 중립이 없습니다. 우리 헌법이 말하는 정의의 판결을 해주십시오.

극도의 혼란과 불안이 대한민국을 지배하고 있습니다. 도저히 일어나서는 안 되는 일로 가족과 이웃이 싸우고, 수없이 많은 상점이 폐업을 하고, 젊은이들은 어디서 미래를 찾아야 할지 모르고 있습니다. 이에 따라 우리 모두가 너나없이 '어려운 이'가 되어가고 있습니다. 누가 누구를 돌볼 처지가 안 되면 사회는 더욱더 나밖에 모르는 일이 가속화되고, 인간이 서로를 돌보고 협력하지 못한다면 공영의 길은 점점 멀어집니다. 이제 올바르면서도 조속한 회복을 위해 빠른 시일 내에 잘못된 판단과 결정을 내린 사람들에 대한 시시비비를 명백히 밝혀주시길 촉구합니다.

저는 평생 “주는 것이 받는 것보다 더 행복하다”라는 말씀을 매우 중요시 여기며 살고 있습니다. 우리는 좋은 것을 이웃에게 주는 마음을 회복해야 합니다. 정부는 국민에게, 국민은 각자의 이웃에게 좋은 것을 주려는 그 마음이 사랑이며 치유이며 회복일 것입니다. 그리스도인이 그리스도인답게 사는 것이 어쩌면 모든 회복의 출발일지 모릅니다.

모두 각자의 양심에 기대어 한마음으로 주님께 기도하며 나아갑시다.

바티칸에서 추기경 유흥식 라자로 드림

# 드봉 레나도 주교 선종 담화

71년간 한국에서 사목한 프랑스 출신 드봉 레나도 주교가 2025년 4월 10일 선종했다. 향년 96세. 평생 가난한 자와 약자 편에서 헌신의 삶을 산 그는 많은 이들의 존경과 사랑을 받았다. 프랑스 정부로부터 나폴레옹 훈장(1982)을 수훈했으며, 2019년에는 한국 국적을 취득했다. 2025년 3월 25일 유흥식 추기경과 함께 옥계동 성당을 방문했는데, 이는 드봉 주교의 생전 마지막 대외활동이었다.

사랑하는 고국에 계신 교형 자매 여러분, 동포 여러분!

한국 교회를 넘어 한국 사회의 큰 어른이신 드봉 주교님의 선종 소식을 듣고 잠시 정신이 멍했습니다. 그리고 깨달았습니다. 주교님이 우리 곁에 안 계시는 상황을 한 번도 상상해 본 적이 없었다는 것을요. 언제나 한결같은 모습으로 우리 곁에 계실 줄로만 알았습니다. 갑작스러운 선종 소식은 그런 잠재된 마음을 흔들어 깨웠던 것 같습니다.

슬픔을 가다듬고 천천히 생각하니 드봉 주교님과 관계되는 수많은 기억이 떠오릅니다. 주교님께서는 제가 사제였을 때, 주교였을 때, 추기경이 되었을 때 언제나 잊지 않고 사랑과 기도, 커다란 관심을 보여주셨는데 그 가운데 제가 대전신학교 두 번째 학장으로 임명되었을 때의 일화가 생각납니다.

경갑룡 주교님께서는 대전신학교를 설립하시고 새로운 전통의 명문 신학교를 만들고자 하셨는데, 그 맥락 가운데 신학교에서 흡연을 금지하고자 하셨습니다. 그때 초대 대전신학교 학장이신 파리 외방 선교회 신부님께서 흡연은 문화적인 것이기에 금지할 것이 아니라고 했습니다. 이에 경 주교님께서 직접 드봉 주교님께 연락하여 화가 난 마음을 토로하셨습니다. 이런 상황에서 제가 대전신학교 2대 학장이 되었을 때, 드봉 주교님께서는 경 주교님의 이런 마음을 잘 알고 소임을 잘 수행해달라 하시면서, 그래도 밝은 웃음의 유흥식 신부가 학장이 된 것을 진심으로 기뻐한다 하셨습니다.

천국에 가신 드봉 주교님께서는 이처럼 항상 먼저 부족한 제게 연락을 주셨고, 축하해 주셨고, 격려해 주셨습니다. 그 힘으로 제가 사제직은 물론 주교가 돼서도 큰 용기를 얻으며 나아갈 수 있었습니다. 깊은 감사를 영전에 올립니다.

저는 항상 생각합니다. 사실 웃음의 신부이자 목자의 원조는 드봉 주교님이었다는 것을요. 사제, 수도자, 신자들은 주교님의 따뜻한 미소와 위트를 오래 기억할 것입니다. 그러나 우리는 드봉 주교님의 면모가 이뿐이 아님을 잘 알고 있습니다.

"주님, 저희를 불쌍히 여기소서.
바싹 말라버린 저희 땅에
당신 자비의 소나기를 퍼부어주소서.
진리에 목말라 목이 타고 있는 저희에게
당신 구원의 물을 실컷 마시게 해 주소서."

드봉 주교님께서는 한국 천주교 역사상 두 번째 신부인 최양업 신부님의 라틴어 서한 중 여덟 번째 서한에 있는 기도문처럼 평생 우리나라를 위해 기도해 주신 분입니다. 그러기에 그분은 한국인보다 더 한국인이셨고, 인간적인 면모에서 사제 및 주교로서 보여주신 모범은 그 이상이셨습니다. 그런 주교님이시기에 천국에서도 여전히 우리를 위해 기도해 주실 것을 알고 있습니다. 이제 더 이상 뵐 수 없음에 대한 커다란 아쉬움이 있지만, 이제는 주교님이 안 계신 것이 아니라 오히려 우리 곁에 영원히 계실 것이란 것을 믿습니다.

이제 저는 드봉 주교님이 시복, 시성되시길 온 마음으로 바라며 기도할 것입니다. 교형 자매 여러분도 한마음으로 기도하시리라 믿으며, 드봉 주교님이 우리에게 보여주시고자 했던 그 삶을 살아 언젠가 천국에서 다시 드봉 주교님을 뵈올 날을 기다리려고 합니다.

주님 품에 안긴 드봉 주교님의 영원한 안식을 위해 기도합니다.

추기경 유흥식 라자로

# 프란치스코 교황 추도문

프란치스코 교황이 2025년 4월 21일, 88세의 일기로 선종했다. 아르헨티나 출신의 프란치스코 교황은 제266대 교황으로 선출돼 12년 1개월 8일의 재임기간 동안 검소하고 소탈한 성품으로 전 세계인의 존경과 사랑을 받았다. 유흥식 추기경은 프란치스코 교황에 대한 존경과 애도를 담은 추도문을 작성했다.

교형 자매 여러분, 동포 여러분

패럴(Farrell) 추기경님이 "프란치스코 교황님께서 하늘 아버지의 집으로 가셨습니다"라는 선종 소식을 알리셨습니다.

이 소식을 접하며 저는 슬픔과 고통, 외로움보다는 고요한 평화를 봅니다. 그분은 슬퍼하기보다 우리가 평화롭길 바라셨기 때문입니다. 나아가 멋있게 아름다운 삶을 살다 가신 교황님에 대한 큰 부러움도 있었습니다. 2025년 4월 20일 예수님 부활 대축일 미사 후 발코니에서 전 세계인에게 교황님이 마지막으로 전한 메시지에 그대로 드러납니다.

사랑이 증오를 이겼습니다. 빛이 어둠을 이겼습니다. 진실이 거짓을 이겼습니다. 용서가 복수를 이겼습니다. 악은 우리 역사에서 사라지지 않고, 끝까지 남아 있을 것입니다. 그러나 더 이상 우리를 지배하지 못하고, 부활의 은혜를 환영하고 맞아들이는 사람들에게 더 이상 권세를 발휘하지 못할 것입니다. 하느님께 희망을 두는 사람들은 그들의 연약한 손을 그분의 크고 강한 손에 위탁하여, 부활하신 예수님과 함께 희망의 순례자가 되고, 사랑의 승리를 증명하는 증인이 됩니다.

프란치스코 교황님은 가난하고 소외된 이들에게 말로만이 아니라 몸소 움직여 행동으로 조금 더 그들에게 가깝게 다가가고자 했습니다. 생명의 시간이 얼마 남지 않은 그 순간에도 사람들을 만나는 것을 멈추지 않은 그분의 모습은, 그 자체로 이미 이 지상에서 부활의 모습을 보여주셨습니다. 영원의 삶을 보여주신 교황 프란치스코의 영원한 안식을 청하며, 한국의 교형 자매 여러분, 동포 여러분도 같은 마음으로 애도하였으면 합니다. 우리는 그분의 죽음에서 희망과 부활을 보았으며, 우리 자신이 또 다른 부활의 모습으로 이웃과 사회로 나아갈 용기를 얻습니다.

프란치스코 교황님은 한국의 대전이라는 지방 교구의 교구장을 전 세계 성직자와 부제, 신학생을 담당하는 부서의 장관으로 임명하셨습니다. 사제의 쇄신 없이 교회의 쇄신을 기대할 수 없다는 교황님을 가까이 보좌하면서, 그분이 바라는 교회와 성직자의 모습을 깊이 생각하며 앞으로 나아가려고 합니다. 늘 상대의 이야기에 귀 기울여 주시고 눈높이에 맞춰 함께 고민하고 길을 찾으셨던 교황님의 발자취를 본받으려고 합니다.

프란치스코 교황님은 한국을 진심으로 사랑하시는 분이셨습니다. 대한민국의 분단 현실을 특별히 안타까워하시며 형제와 가족이 갈라진 이 크나큰 고통을 조금이나마 덜 수 있다면 당신께서 직접 북에도 갈 의향이 있다고 하셨을 만큼 한국에 대한 사랑이 남다른 분이셨습니다. 교황님의 기도 가운데 한국에 관한 기도에는 남과 북이 모두 포함된 기도였음을 기억합니다.

화해와 평화가 있는 곳에 하느님의 선이 있다고 믿으셨던 교황님의 다음 말씀이 오래 우리 안에 살아있길 함께 기도합시다.

“선을 행하는 일에 지치지 말아 주십시오.”

희망을 잃지 않고 선을 행하는 여러분의 부활로 프란치스코 교황님은 영원히 우리 곁에 계실 것입니다.

2025년 4월 22일,

바티칸에서 유흥식 라자로 추기경 드림

# 두 교황의 하루

교황 프란치스코(오른쪽)가 2013년 5월 2일 바티칸에서
전임 교황 베네딕토 16세를 맞이하고 있다. ⓒ AP-뉴시스

이 글은 교황에 관한 두 개의 글을 바탕으로 작성했다. 베네딕토 교황에 대해서는 교황청 전담 기자인 알도 마리아 발리(Aldo Maria Valli)가 쓴 《작은 세상 바티칸(Piccolo mondo vaticano)》 가운데 '어느 날 베네딕토 교황과 함께(Un giorno con Benedetto)'를, 프란치스코 교황에 대해서는 2017년 7월 12일 '교황의 일상(Vita quotidiana del Papa)'에 대한 세레나 사르티니(Serena Sartini) 기자의 글을 참고했다. 해당 내용은 유흥식 추기경의 감수를 거쳤다.

교황은 자신의 도시인 바티칸에서 어떻게 살아갈까요? 그의 하루는 어떻게 시작하여 어떤 리듬을 가지고 일정이 이어질까요? 또한 교황이 사는 사도궁(Palazzo Apostolico)에서 다른 사람들과의 관계는 어떨까요?

우리에게 요셉 라칭거(Joseph Ratzionger)로 알려진 교황 베네딕토 16세는 알려진 대로 독일인입니다. 업무 스타일은 우리가 알고 있는 독일인의 이미지대로 굵직한 업무부터 세부적인 사항까지 정확한 시간표에 따라 체계적으로 하루 일정을 소화하고 정리하는 것을 선호했습니다. 본인 스스로 여러 번 말했지만 교황이 안 됐다면 에세이 작가가 되고 싶었다고 할 만큼, 베네딕토 16세 교황은 아주 정확하고 섬세한 문장을 쓰는 작가이기도 합니다. 간결하고 군더더기 없는 라틴어 문장으로 이어간 글에 경탄이 나오지만, 아주 작은 글씨를 펜으로만 쓰기 때문에 읽기는 쉽지 않습니다. 참고로 그는 컴퓨터를 사용하지 않았습니다.

반면 아르헨티나 사람인 베르골리오(Bergoglio), 즉 프란치스코 교황은 소박하고 꾸밈없는 삶과 특유의 친화력으로 대중에게 조금 더 가까이 가고자 했습니다. 하지만 사도궁의 교황 숙소는 구조상 일반인을 만나기 어렵기 때문에, 그는 전통적으로 사도궁 3층에 있는 교황 숙소를 포기하고 '산타(성녀) 마르타의 집'에 기거한 최초의 교황입니다. 이 집은 원래 교황선거(콘클라베)를 위해 지은 추기경들을 위한 집입니다. 선거권을 가진 120명의 추기경과 선거를 도와주는 30여 명의 진행 인력들을 위한 총 150여 개의 방과 교황청에 업무상 방문한 사람들에게 숙박 편의를 제공하는 시설입니다. 권위를 조금은 내려놓은 낮은 자리에서 아픔과 고통에 대한 예민한 알아봄, 거기서 그치지 않는 충분한 공감과 어루만짐은 소탈하고 인간적인 프란치스코 교황의 면모를 잘 보여줍니다.

두 교황의 업무나 소통방식은 이성과 감성 사이에서 그 무게 중심이 서로 각각 조금씩은 다른 곳에 있는 듯 보이지만 그 리더십은 상충하지도 대립하지도 않습니다. 돌아보면 이 두 교황의 선출은 당시 교황청과 가톨릭교회의 시대적 사명이나 요청에 부응한 결과였다고 할 수 있습니다. 필요한 시간에 그 소명에 적합한 인물이 세상에 드러난 것입니다.

## 오전 5시 : 기상

로마라는 거대한 박물관 같은 도시에서 살다 보면 일상의 불편함을 감수해야 하는 일이 참 많습니다. 그 가운데 대표적인 어려움을 꼽으라면 생활 소음일 것입니다. 서울살이 하는 외국인들이 꼽는 놀라운 점 가운데 하나가, 천만 인구에 육박하는 대도시가 생각보다 조용하다는 점입니다. 이곳에 사는 우리로선 반신반의하겠지만 사실 로마와 비교하면 서울은 아주 조용한 편입니다. 로마는 정말 생활 소음이 심한 곳입니다. 그 원인 가운데 하나는 굉음을 내고 달리는 오토바이들 때문입니다. 밤낮을 가리지 않고 울리는 이 소음 때문에 처음 로마에서 살 때는 잠을 못 이루기도 했습니다. 그래서 귀마개를 꼽고 잠을 청할 정도였지요.

그런 로마이지만 새벽 5시는 그런 소음에서 자유로운 정적의 순간입니다. 베네딕토 교황, 그는 바티칸뿐만 아니라 로마가 가장 조용한 아침 5시경 기상했습니다. 아침형 인간인 그는 아침 시간이 가장 유익하다고 생각해서 그 시간을 놓치고 싶어 하지 않았습니다. 반면 프란치스코 교황의 기상은 처음 교황에 선출되어 시작한 시절과 건강이 악화된 후에는 약간의 차이가 있습니다. 아르헨티나에서 로마로 왔을 때는 4시에 기상했습니다. 아침에 일어나 면도를 하고 1시간 30분 동안 묵상과 아침기도를 합니다. 하지만 이후 건강이 악화되면서 4시 30분 기상했고, 무릎 수술 이후에서는 6시에 기상했습니다. 물론 잠자리에서 일어나는 시간은 그 이전이지만, 도와주는 사람의 출근이 6시이기에 공식적인 일과는 그 시간부터 시작됩니다.

두 명의 교황에서 알 수 있듯이 교황이 되고자 하는 자, 아침잠이 없어야 합니다. 물론 대부분 교황은 고령에 선출되니 그 나이쯤 되면 아침잠이 없을 가능성이 더 크겠지요.

## 오전 7시 : 미사

베네딕토 교황의 첫 번째 의무는 그의 전임자인 바오로 6세와 요한 바오로 1세 그리고 요한 바오로 2세와 마찬가지로 개인 경당에서 7시에 드리는 미사입니다. 미사는 이탈리아어로 드리고 영성체 뒤에 일반적인 경우보다 꽤 오랜 시간을 침묵 가운데 있기를 좋아합니다. 이것은 프란치스코 교황도 마찬가지입니다. 코로나 이전 프란치스코 교황은 로마 교구장으로서의 역할을 수행하기 위해 매일 아침 본당과 기관, 외국 신자 등을 30~70여 명을 초청하여 '산타 마르타의 집'에 있는 경당에서 7시에 미사를 드렸습니다. 미사 끝에 프란치스코 교황은 참석한 신자 한 사람 한 사람과 인사를 나누었습니다.

## 오전 8시 : 오전 집무

아침 미사가 끝나면 교황은 자신의 방에서 간단히 아침 식사를 하고 바로 집무실로 출근을 합니다. 집무실 책상에는 십자가와 두 대의 전화가 놓여 있지요. 물론 교황도 휴대전화를 가지고 있지만 알다시피 그 번호는 아주 기밀입니다.

집무실에 도착하면 비서관이 국무장관실에서 준비한 국제 언론 보도자료 취합본을 가죽 폴더에 담아 가져옵니다. 논평은 다양한 주제로 광범위하며 정확합니다. 시작 부분과 주요 뉴스에 대한 요약이 담겨있고, 교황은 사건에 대한 전반적인 이해를 한 다음 관심 가는 기사를 선택할 수 있습니다.

이 방식은 이탈리아 대통령 궁에서도 똑같이 하고 있습니다. 차이가 있다면 이탈리아 대통령 궁에서는 유럽 주요 언어로 된 기사를 이탈리아어로 번역해 보고한다면, 베네딕토 16세에게는 이런 과정이 필요가 없다는 점입니다. 그는 모국어인 독일어 외에도 이탈리아어, 영어, 프랑스어와 스페인어 모두 정통하기 때문입니다. 그리고 라틴어도요. 발음은 독일인 특유의 이탈리아어와 라틴어 발음이 있긴 하지만 이 발음이 때로는 귀엽게 들리기도 합니다. 베네딕토 16세의 전임 교황인 요한 바오로 2세는 이러한 언어적 능력에 더해 연극배우처럼 연설문을 낭독했기 때문에, 그 어느 교황보다 극적인 감동을 가져다주었습니다.

반면 프란치스코 교황은 7시 45분 산타 마르타의 집을 나와 8시 이전 사도궁으로 출근했습니다. 그는 언어적인 부족함을 특유의 친근함과 친화력으로 채웠습니다. 비서들의 임무는 우편물을 선택하고 가장 흥미롭거나 긴급하다고 여겨지는 편지들을 모아 교황에게 제출하는 것인데, 프란치스코 교황은 자신에게 온 모든 우편물들을 가능한 한 보고자 했습니다.

이 점이 베네딕토 교황과 프란치스코 교황의 차이점입니다. 프란치스코 교황은 자신에게 온 청원이나 어려움 등을 담은 편지가 그 누구에게서 오든 최대한 그것을 읽고 해결책을 찾으려고 합니다. 그런 그의 가장 큰 관심사는 사제들입니다. 그는 추기경이나 주교가 자신이 돌보아야 할 사제들의 이야기에 현재 교회가 귀 기울이지 않는 태도를 바꾸도록 권고하고 있지만, 안타깝게도 그 모습은 일선에서 쉽게 바뀌지 않는 것 같습니다.

이렇게 국제 뉴스나 소식, 우편물들을 살피는 일을 마치고 나면 프란치스코 교황은 10시부터 교황청에 근무하는 추기경과 교황대사 등을 만납니다. 교황이 가장 우선적으로 자신의 시간을 할애하는 데는 무엇보다 추기경들과 만남입니다. 만나서 나누는 이야기의 주제는 대부분 교회 생활의 중심에 있는 문제들에 관한 것입니다. 프란치스코 교황의 경우 월요일은 파롤린 국무원장, 화요일은 국무부장, 수요일은 외교담당 대주교, 목요일은 교황대사 및 교황청 외교관 담당자를 만납니다.

## 오전 11시 : 외교사절 접견

11시경 베네딕토 16세 교황은 사도궁에 있는 교황 전용 엘리베이터를 이용해 3층에서 2층으로 내려옵니다(우리로 하면 4층에서 3층으로). 그곳에서 국가 원수와 정부 대표, 신임장을 받은 국가의 대사 및 외교사절을 만납니다. 이는 프란치스코 교황도 매일 똑같이 수행하는 중요 임무 가운데 하나인데, 그 시간은 10시부터입니다. 이 장면은 가끔 방송 뉴스를 통해서 짤막하게 볼 수 있는데, 그 장소가 바로 사도궁 2층입니다.

이곳으로 들어가는 입구는 생각보다 많이 소박합니다. 입구에는 스위스 근위병이 한 명 서 있는데 어디에서 왔고, 누구를 만나러 왔는지, 약속이 되어 있는지를 확인하고 올려 보내줍니다. 교황 또는 국무장관이나 외무장관 등 고위 관계자와의 약속은 초대장 형식으로 교황청에서 미리 해당인에게 우편 발송을 하므로, 받은 초대장을 제시하면 됩니다. 이 입구까지 가려면 바티칸 시국의 정문 역할을 하는 '성녀 안나의 문'을 지나 각각 두 번의 스위스 근위병과 두 번의 바티칸 시국 경찰의 확인을 받아야 합니다.

수요일 아침에는 앞에서 말한 특별알현과 달리 일반알현이 있습니다. 일반알현은 참석인원과 계절에 따라 실내 알현실에서 하거나 인원이 많으면 성 베드로 광장에서 합니다. 이 알현 때에도 베네딕토 교황은 제한되고 선별된 사람들만을 만나기를 선호한 반면, 프란치스코 교황은 되도록 많은 사람들과 만나기를 좋아합니다.

한편 이 시간에 교황청 각 성의 장관들과 회의를 할 때도 있는데 회의에 참석할 인원은 그때그때 달라집니다. 이렇게 아침 8시에 시작된 교황의 오전 일정은 오후 1시가 되면 끝납니다.

## 오후 1시 30분 : 점심 식사

점심은 오후 1시 30분입니다. 베네딕토 교황은 두 명의 비서관과 함께 식사했습니다. 아주 드물게 외부 인사가 교황과 함께 점심 식사를 하기도 합니다. 교황궁에 근무하는 성직자 대부분은 바티칸의 외교관을 양성하는 '교황청립 외교관 학교' 출신이기에 이런 식사에 아주 익숙한 사람들입니다. 바티칸의 외교관은 외교관 학교에서 3년간 기숙으로 양성되는데, 가장 중요한 수업이 바로 점심입니다. 점심 수업에서 바티칸 외교관 양성 후보자들은 정장 차림에 정찬의 식사를 외교관 학교장(원장)과 함께 불어로 합니다. 바티칸은 현재 지구상 현존하는 국가 가운데 가장 긴 외교의 역사를 가진 나라입니다. 그래서 어느 국가보다 외교의 중요성을 아는 바티칸에서 외교관 학교를 설립하여 운영하는 것은 당연한 일일지도 모릅니다.

한편 프란치스코 교황의 경우는 오후 1시 마르타 숙소로 귀가하여 산타 마르타의 집에 있는 식당에서 점심을 먹습니다. 처음에는 '셀프서비스'인 경우 다른 사람들과 마찬가지로 교황도 직접 줄을 서서 자신의 식기를 챙겨 가져다 먹기도 했습니다. 하루 종일 자신을 위해서 일하는 사람들과 함께 격의 없이 이야기하며 식사하는 것을 선호하는데, 프란치스코 교황의 성격이 그대로 드러나는 면모입니다. 그들 가운데는 교황청 직원들, 재단사와 경호실의 경호실장, 주방에서 일하는 사람들, 때로는 바티칸에서 초대한 노숙자들도 있습니다. 하지만 건강이 악화된 이후에는 교황 지정 식탁에서 비서 둘과 함께 점심을 합니다. 비서 중 한 명은 우루과이 출신이고 다른 한 명은 이탈리아 출신입니다. 때로는 추기경 한두 명을 초대하여 같이 식사하기도 합니다.

베네딕토 교황의 점심 식단은 그가 아주 높이 평가하는 지중해식입니다. 그런데 포도주는 마시지 않고 오렌지 주스를 즐겨 마셨습니다. 디저트와 함께 제공되는 스파클링 와인은 마십니다. 반면 프란치스코 교황의 경우 빵을 선호하지 않고 말 그대로 '주는 대로 먹습니다'. 음료는 아르헨티나 마테차를 마시고 티라미수와 같은 단 과자류는 그렇게 좋아하지 않습니다.

반면 프란치스코 교황이 산타 마르타의 집에 있는 식당에서 식사할 때는 식후에 먹을 작은 조각 케이크나 아이스크림이 식탁에 제공되는데, 그것은 그레고리오 셉티모에 있는 가게에서 만든 것입니다. 프란치스코 교황은 젤라또(아이스크림)를 정말 좋아하는데 그 가운데 레몬맛을 선호합니다.

점심 식사 뒤에는 사도궁의 테라스를 10분 정도 짧게 산책합니다. 로마의 아름다운 전경을 볼 수 있는 테라스에는 오렌

지와 레몬 나무가 심어진 화분이 있습니다. 손을 뻗으면 마치 성 베드로 대성당의 둥근 지붕(꾸폴라)에 닿을 것 같이 가깝게 보이고 성 베드로 광장에 모인 사람들이 또렷이 보입니다.

## 오후 3시 30분 : 오후 집무

베네딕토 교황은 점심 뒤에 이탈리아 사람들이 하는 시에스타(낮잠)에 듭니다. 약 1시간 정도 자는데 프란치스코 교황의 경우는 30~40분 정도 쉽니다. 오후 3시 30분 교황은 다시 자신의 책상에 가서 앉습니다. 오후 시간은 문서, 연설, 강론의 초안 작성에 할애합니다. 앞서 말한 대로 교황 베네딕토 16세는 컴퓨터를 사용하지 않고 만년필을 이용해 모든 것을 손으로 썼습니다. 물론 독일어로 쓴 자필 원고이지요.

베네딕토 교황은 자신이 발언할 문서를 가능한 다른 사람에게 위임하지 않고 최대한 본인이 작성하려고 했습니다. 물론 바쁠 때에도 늘 모든 것을 다 스스로 쓸 수는 없지만 말입니다. 바티칸 각 성에서 보낸 다양한 초안의 문서를 읽고 수정

해서 보내는 일도 교황의 주요한 일 가운데 하나입니다.

프란치스코 교황의 경우 점심 이후 상황에 따라 사도궁으로 가거나 산타 마르타의 집에 있는 집무실에서 업무를 보기도 합니다. 그의 업무를 돕는 교황청 외무부 소속 두 명의 사제가 있지만, 그 외 거의 모든 개인적인 일상은 스스로 혼자 합니다. 가까운 거리에 늘 두 명의 경호원과 경호실장이 있을 뿐입니다. 해외 순방 때는 직접 자기 가방을 들고 직접 신발을 사러 가며 안경을 손수 고쳐 씁니다. 그는 위임하거나 대신할 사람을 보내지 않고 개인적인 일은 대부분 스스로 하려고 합니다. 그리고 친구들에게는 여전히 '교황'이라는 호칭보다 그냥 '호르세 신부(padre Jorge)'로 불리기를 좋아합니다.

### 오후 5시 30분 : 서명 및 산책

이 일이 끝나는 5시 30분경 비서는 미리 선정한 다른 우편물과 교황이 서명해야 할 문서를 가지고 옵니다. 일을 마치면 6시 30분경 소위 '알현 목록(udienze di tabella)'이라고 부르는 주간 일정표에 따라 국무장관, 외무장관, 신앙교리성 장관 및 교황청 각 부의 장관이나 주교들과의 만남을 가집니다. 이 일을 마치고 나면 베네딕토 교황은 다시 산책을 나갔는데, 이 때는 보통 바티칸 정원으로 나갑니다. 성 다마소 마당으로 승강기를 타고 내려온 뒤 대기한 차로 정원까지 이동합니다. 바티칸 정원에 도착하면 교황은 비서 한두 명과 걸으면서 묵주기도를 바칩니다.

### 오후 7시 30분 : 저녁 식사

베네딕토 교황은 7시 30분쯤 저녁 식사를 아주 가볍게 했습니다. 저녁 식사 후엔 필요하다고 생각되면 우리의 공영방송 KBS 1TV에 해당하는 Tg1에서 8시 뉴스를 시청하고 잠시 더 집무실에 머문 뒤, 교황 개인 경당에 가서 성직자의 교회법적 의무인 성무일도 기도를 바칩니다.

반면 프란치스코 교황은 점심과 마찬가지로 저녁도 산타 마르타의 집에 있는 식당에서 8시에 저녁 식사를 하고 일찍 잠자리에 듭니다. 프란치스코 교황은 텔레비전 시청을 전혀 하지 않습니다. 그가 본 마지막 영화는 로베르토 베니니 감독의 '인생은 아름다워(La vita e bella)'라고 합니다. 대신 그는 축구팬입니다. 아르헨티나 프로축구 리그 '리가 데 풋볼 프로페시오날 아르헨티나'의 축구팀 '산 로렌소(San Lorenzo)'의 광팬이라고 합니다.

반면 베네딕토 교황은 클래식 음악 애호가이자 흑묘와 백묘 두 마리의 고양이를 키우는 집사이기도 합니다. 그는 준 연주자급으로 피아노를 친다고 하는데, 클래식을 좋아하는 교황을 위해 베를린 필하모닉 오케스트라를 포함해 독일 유수의 오케스트라가 헌정 음악회를 가졌습니다. 교황에게 헌정하는 음악회가 최대 6,300명을 수용할 수 있는 바오로 6세 알현실에서 열리면 무료표가 배부되고, 그날만은 예외적으로 성 베드로 광장에 주차가 허용됩니다. 연주가 끝나면 교황의 차량이 바오로 6세 알현실 입구에서 대기하고 있고 차량 근처에는 스위스 근위병이 배치됩니다. 베네딕토 교황이 이용한 차량은 다임러사에서 기증한 백색 마이바흐였습니다. 차량 번호판에는 교황 문양이 새겨져 있습니다.

반면 프란치스코 교황은 그것을 차고에 고이 모셔 놓고 소박한 차량을 이용합니다. 프란치스코 교황에게도 람보르기니 우라칸 RWD 스페셜 에디션이 기증되었는데, 2018년 5월 12일 경매에 붙여져 수익금은 프란치스코 교황의 이름으로 인신매매 및 기타 학대로 고통받는 여성들과 이라크 니네베(Nineveh) 평원을 재건하는 데 기부하였습니다.

프란치스코 교황은 왜 이렇게 소박한 차량을 이용하는 걸까요? 자신의 종교인다운 삶을 위해서일까요? 물론 그런 측면도 있지만, 일차적으로 교황청에 근무하는 장차관급의 고위 성직자들(추기경, 대주교, 주교)에게 본보기가 되기 위함입니다. 비록 그들의 신분이 세속 국가의 장차관과 같은 고위 공직자의 예우를 받지만, 그 이전에 '사제'의 정체성을 기억하라는 암묵적인 신호입니다. 실제로 프란치스코 교황 재위 이후 교황청 각 부서들이 이전의 관료적인 우월의식에서 벗어나 무척 친절해진 면도 이것을 반영하는 긍정적인 변화 가운데 하나입니다. 다른 하나는 전 세계 천주교회의 추기경, 대주교, 주교들에게 보내는 메시지이기도 합니다. 너희도 그렇게 살라는!

## 오후 11시 : 취침

베네딕토 교황의 경우 밤 11시가 되기 전에는 침실에 가지 않았습니다. 이 말이 맞는지 틀리는지 알고 싶은 사람은 그 시간쯤 바티칸 광장에 가서 사도궁 최상층에 있는 창의 불빛이 언제 꺼지는지 확인했습니다. 교황 침실에 불이 꺼지면 근무 중인 경비원들과 일부 기술자들을 제외하고 그제야 바티칸 시국 전체가 잠시 몇 시간 동안 멈춰 새날을 기다렸습니다. 반면 프란치스코 교황은 9시 30분경 잠자리에 들었습니다.

사도 베드로와 바오로가 새겨진 추기경 반지. ⓒ 서경리